大塚玲子
ohtsuka reiko

PTAが やっぱりコワい 人のための本

太郎次郎社エディタス

はじめに

いまのPTAを「このままで最高！」と思っている人は、ほとんどいないでしょう。というかまあはっきり言えば、PTAは嫌われています。

なぜなら、よく知られているようにPTAでは、「役員の押しつけあい」や「絶対に休んじゃダメ」といった参加強制がしばしば起こりがちだからです。

また「本来、何のためにやるのか?」という活動の目的が忘れられ、「例年どおり」や「やってない人にやらせること」が目的化してしまうこともめずらしくありません。

そのため、誰も興味を持たないイベントが開催される、そのイベントに参加動員される担当の係があらかじめ用意されるなど、自己目的化した謎の活動が発生&継続されやすいのです。

さらに近年は、ＰＴＡを取り巻く環境も変わってきました。

1校あたりの児童数や家庭数が減少しているのに加え、共稼ぎやひとり親世帯が増え、かつて学校やＰＴＡがアテにしてきた「専業主婦の労働力」は大幅に減少。なのに、仕事の量は長い年月をかけてジワジワと増えているため、いったん仕事を引き受けた人、とくに本部役員さんには、相当な負担がのしかかります。

もちろん、ほかの保護者や先生などとの交流で「人とのつながり」を得られることなど、メリットもじつは大きいのですが、なにしろ時間をとられるなど、負荷も大きいため、良い面はなかなか注目されません。

このままのやり方を続けていくのは、さすがにもう無理があるのでは？　多くの人が、感じていることでしょう。

ただ見ていても、事態が勝手に改善することはありません。じゃあしかたがない、ちょっとめんどくさいですけれど、自分でＰＴＡを変えていくしかないですよね。

ではさて、ＰＴＡの何をどう変えたものか？

ＰＴＡというのは、なかなかわかりにくいものです。一見、「なんで、こんなことをしてるの？」と思うような活動にも、じつはそれなりの経緯や事情があったりします。

ですからまずは、今現在のＰＴＡの〝理屈〟や〝しくみ〟を知る必要があります。

そこでこの本では、ＰＴＡで起こりがちなさまざまな問題を一つひとつ切り分け、これからＰＴＡがどうすべきかがわかるように、整理していきます。読んでいくうちに、つい「ＰＴＡ、やってみようかな？」という気になるかもしれません。

この本は、ＰＴＡをただこきおろすものでもなければ、ひたすらに礼賛するものでもありません。

ＰＴＡには問題点もたくさんあるけれど、じつはいいところもいろいろある。だから、そのどちらも「ないこと」にせず、いいところと悪いところ、両面を掘り下げます。

ＰＴＡを変えるための具体的なアイデア・実例をまとめた前著『ＰＴＡをけっこうラクにたのしくする本』とあわせて、参考にしていただければ幸いです。

PTAがやっぱりコワい人のための本　目次

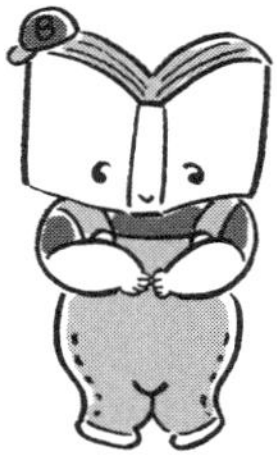

Part 1

嫌われスパイラルはなぜ続く？

Part 2

ヨソのＰＴＡではどうやってるの？ 103

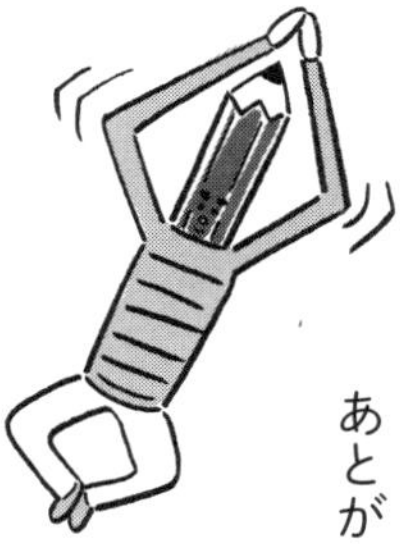

＊PTA組織内の部門名は、各PTAによって異なります。この本では、「会長・副会長・書記・会計」などから構成される中心部門を「本部（役員）」と呼び、「本部役員＋担当の先生（教頭や副校長が多い）＋各部長（委員長）」などで構成するサブ中心部門（1〜3か月に1度程度、定例会を行う）を「運営委員（会）」と呼んでいます。

Part 1

嫌われスパイラルはなぜ続く？

PTAの仕事はなぜ増えつづけるのか？

「仕事量を減らす」はみんなの共通の願い

2015年の春、朝日新聞がPTAについてアンケートをおこないました。この調査結果を見ると、「PTAの仕事量は多すぎるので、もっと減らすべきだ」と感じている人が多いことがはっきりとうかがえます。

「PTAのイメージは？」（複数回答可）という問いに対し、ダントツに多かった回答は「面倒くさい・負担が大きい」というもの。また、「PTAに改善してほしいところは？」（複数回答可）という問いに対してもっとも多かった回答は「活動内容の簡素化」でした。

PTAのイメージは？（複数回答可）

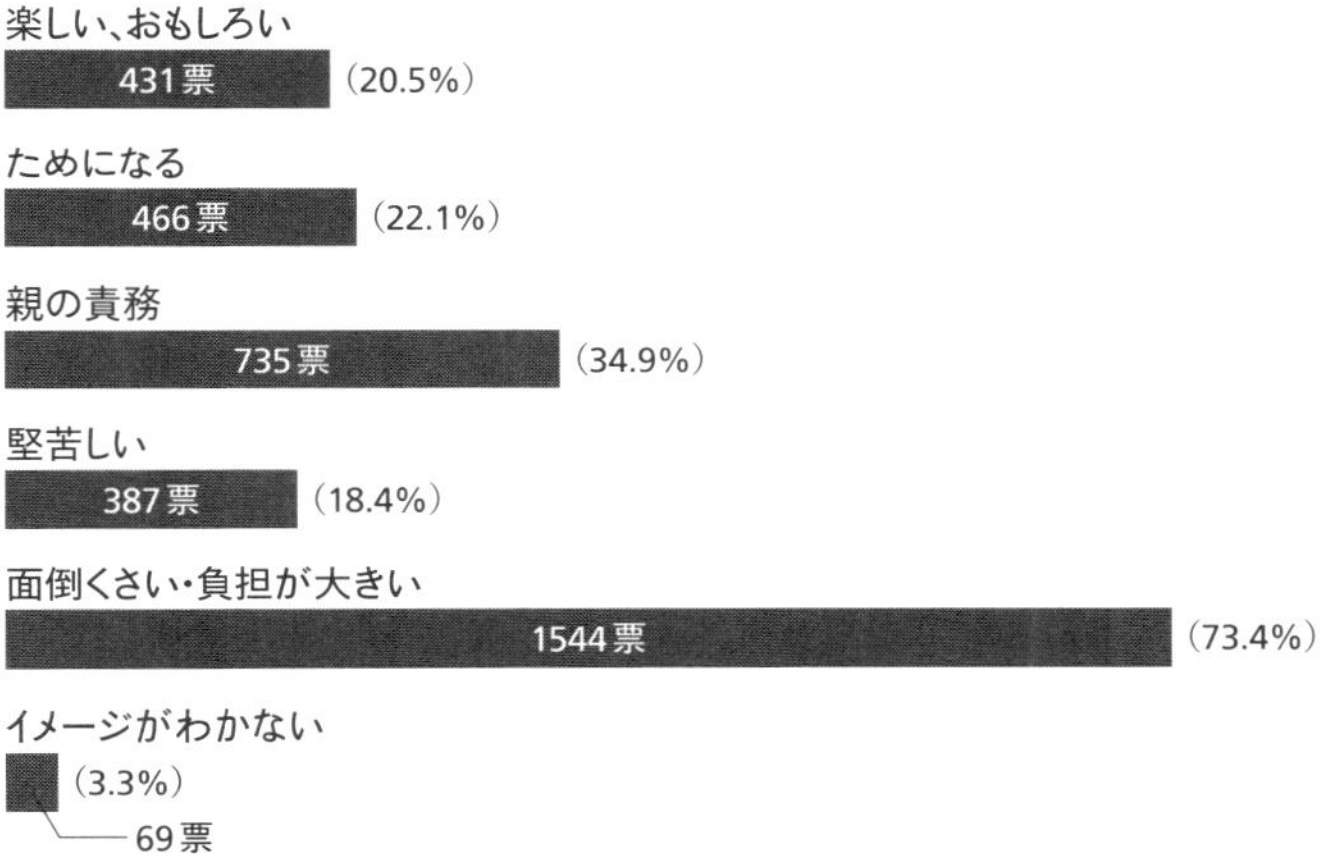

PTAに改善してほしいところは？（複数回答可）

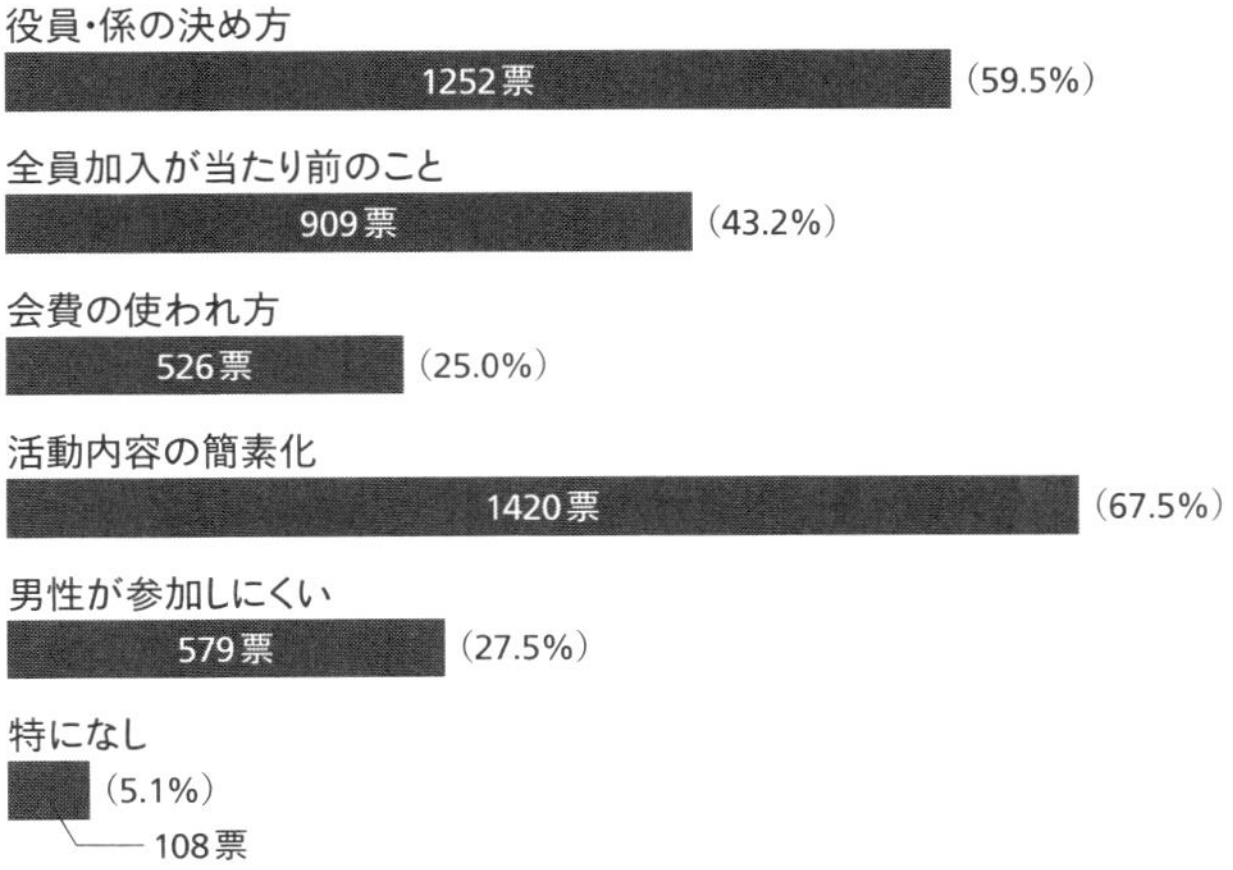

出典：朝日新聞アンケート「どうする？ PTA」2015年4月23日〜5月7日（回答数2,104）
http://www.asahi.com/opinion/forum/003/

減らせばいいのに、なぜ減らない？

「それなら、どんどん仕事を減らせばいいじゃない」と思われるでしょう。

ところが、ＰＴＡの仕事というのはなぜか、なかなか減りません。むしろ、長い年月をかけてジワジワと増えていることが多いのです。なぜ、そうなるのでしょうか？

減らない理由１　「前年どおり」が目的化するから

まずいちばんは、「前年どおりにやること」が目的化しているから、ということが考えられます。

「何のためにＰＴＡがあるのか」「それぞれの活動は何のためにおこなうか」という目的が忘れられ、「例年どおりにやること」が先頭にきてしまうので、仕事を減らすとか変えるとかいうことがしづらくなるのです。

たとえば、年に4回発行する防犯だより。「こんなにしょっちゅう発行する必要がほんとうにあるの？」と疑問を口にしても、「去年もそうだったから、それでいいんじゃ

7 オピニオン 13版 2015年(平成27年)5月4日 月曜日 朝日新聞

フォーラム

PTA どう考えますか？

[illegible]アンケートでは、PTA活動に[illegible]様々な課題が[illegible]。地域とのかかわり方や、家庭の参加の仕方な[illegible]に聞きました。[illegible]ためといいつつ、どこまで時間を割かなくてはいけないのか。読者のご[illegible]

1 2 3 4 5 私の論点

宴席や講演動員 なぜ

●仕事休みフラワー教室
市のPTAの展覧会に出品しなければならないからと、頭を下げて仕事を休んで、フラワーアレンジメント教室に義務で参加せざるを得ない状況はおかしいと思う。（埼玉県・30代女性）

●不要と思える係がいっぱい
全校2千人を超える保護者に役をあてるため、不要とも思える係がたくさんあります。講演会の参加、夜の教員との会食（費用は自分持ち）、なぜこれがPTA活動なのでしょうか。（愛媛県・40代女性）

●想定以上の動員に閉口
市町村P連や学区のまちづくり協議会の年次総会に呼ばれて手たたき要員・酒飲み要員になるまでは想定内、都道府県P連以上の年次大会やセミナー、まちづくり協議会の役員やらとなると想定外でへきえき。（岩手県・40代男性）

●巨額繰り越し、必要あるのか
毎年の累積繰り越しが1千万円とかの市立中学もある。実際、何のためのお金なのかが全くもって不明。（茨城県・50代男性）

●会費引き下げに校長反対
毎年度余剰金がでるので、会費の値下げについてアンケート、会員の約8割が賛成だった。代議員会で提案したところ、いつもはほとんど発言しない校長、教頭が必死になって抵抗した。学校ごとのPTAは、集めた会費の一部を郡PTAに上納し、その会費のほとんどは県PTAに上納され、その一部がさらに上納されている。（長野県・40代男性）

●政治活動の道具にしないで
地域の会長が集まる会議でのこと、2年ばかり熱心に活動された方が、次の地方選挙に出馬するのでよろしくとあいさつされ、後援はがきを配られた。（兵庫県・50代男性）

●懇親会ではチークタイムも
校長や教頭の異動や定年退職があると役員は8千円から1万円の会費を集めてホテルでの謝恩会をした。半強制。懇親会ではチークタイムがあり、驚いたし気持ち悪かった。（大阪府・40代女性）

●「子どものため」の本末転倒
委員を5年経験しました。慣れてきましたが、それでも三役に当たってしまうと、かなり自分の生活を犠牲にしての活動となりました。子どものためにやることですが、子どもを留守番させての夜間の活動、子どもの話を聞く暇さえない持ち帰り作業。本末転倒ではないかと、常々感じました。（福岡県・40代女性）

●誰でも参加できる活動の仕方を
平日日中に集まるのだけは勘弁してほしいです。働く親も、親という立場では同等、参加したいし、意見もいいたい。だれでも参加できるような活動の仕方と職場におけるPTA休暇の設定をしてほしいです。（東京都・30代女性）

●任意を徹底、加入率90%超
任意加入を周知し、「委員会廃止」「完全ボランティア制」にて2年運営した実績がある元PTA会長です。システムを簡素化し負担を軽減、義務的活動を廃止し自主的なサークルとして運営出来れば、それほど加入率は低下しません。子どもたちの笑顔がみられる活動なら保護者は協力してくれます。この2年間加入率が90%を下回ったことはありません。（北海道・50代男性）

●親と教師に地域も加えて
PTAからPTCA（Cはコミュニティー＝地域）に変わった小学校に子どもが通っています。これまでの役員の仕事の多くは、通年か単発のボランティアに分け、募集しています。（愛知県・40代男性）

＝アンケートのコメントから抜粋

PTAに関わる組織の一例

全国組織
都道府県P連
市P連・区P連などの連合組織
加盟は個々のPTAが選択する
○○小学校 PTA
連携や協力
教育委員会　子ども会　自治会・町内会

他組織と連携は

PTAと言えば、学校の中で完結する組織というイメージが強いが、実際は地域活動の担い手としても期待されているのが現状だ。

「○○小学校」「○○中学校」など学校単位のPTAを取り巻く組織には、自治会・町内会や子ども会、また教育委員会などがある。登下校の見守りや祭りなどのイベントを共催するところもあり、連携の度合いはPTAによって様々だ。

こうしたなか、「教育委員会が主催する講演会にPTAから動員しなければならず、負担が大きい」などの声も少なくないが、「教育委員会の講演会のお知らせがあっても、PTAは会員を『動員』する義務はない」（文科省社会教育課）。

一方、各学校のPTAは、「日本PTA全国協議会」を頂点とする日本最大の社会教育関係団体を支える存在でもある。ただし、上部団体に所属するかどうかの選択は各PTAに任されており、任意加入が原則とされている。（堀内京子）

「子どものため」に特化する 大塚玲子さん

役員決めの季節ですが、低学年では、役の奪い合いになっている学校も多いのではないでしょうか。

「早くノルマを終わらせて働きに出たい」と思っているお母さんが多い一方で、「本当は嫌なものではない」と気づき始めている人もいます。PTA活動をやると、知り合いが増え、学校や受験のこと、地域の情報が入ってくる機会にもなります。

ただPTAは、平日昼間の活動が多い。今は働く母親が増えているのに、活動は肥大化し、ギャップが広がっています。あり方を変えようとすると、意見が噴出して時間がかかるため、前年と同じになりがち。

委員会も、いつ何回ぐらい集まればいいのか、どのくらいの負担になるのか。活動の中身が見えません。活動の中身が見えないから、やりたくない人が増え、「言い訳は許さない」という雰囲気になってしまいます。

「活動が楽しくない」ということも、役員をやりたくない理由の一つだと思います。上部団体から動員をかけられたり、会報の内容にダメ出しをされたりしたということも聞きます。

では、どうするか。最近は、すべての活動を洗い出し、いつ何があるか、何回集まればいいのかを明確にして、個々にボランティアを募るところもあります。一人一役を全員のノルマとするところもありますが、できれば強制は避けたほうがいい。

活動内容も、本当に子どものためになることだけにして、楽しいことをやればいいと思います。親子で遊ぶという目的を明確にして、鬼ごっこ大会を開いたところもあります。

保護者がバラバラだとできないことを一緒にやるという視点で見直せばいい。もしかしたら、PTAでなくてもいいのかもしれません。（聞き手・杉原里美）

おおつか・れいこ　1971年生まれ。編集者・ライター。結婚や離婚、子どもなど、家族をテーマにしている。近著に「PTAをけっこうラクにたのしくする本」「オトナ婚です、わたしたち」など。

地域を巻き込んで動こう 小松郁夫さん

PTAのあり方を、考え直す時代に来ていると感じています。公立学校の経営自体が大きな転換期を迎えているからです。

「授業」という言葉があるようにこれまでの学校は「授ける」が当たり前でした。学校や教育委員会、文部科学省など「供給サイド」が決めたことを授け、PTAにもその手伝いを頼む。しかし近年は、子どもや保護者、いわば「需要者サイド」に寄り添った「受業」に方向転換することが重要になっています。

今年3月、政府の教育再生実行会議が全ての学校をコミュニティースクールにすることを提言しました。実現すれば、学校の地域の核としての役割が重視され、学校運営協議会には、地域や保護者の代表などが関わり、校長の経営方針を直接聞き、意見を言えるようになります。

ところが、保護者側の現実はどうでしょう。かつては、子どもの教育は学校任せ、PTAは人手の足りない行事などで期待される学校の「応援団」でした。

しかし、少子化、共働きや1人親世帯の増加、介護問題など、保護者が学校生活を考える余裕がなくなっています。PTA活動は多様化し、負担は増える一方です。

地域を巻き込むことが大切です。かつて関わったコミュニティースクール型の学校は、地域と保護者で子どもの問題行動を減らす取り組みをした結果、コンビニの前に集まる子が減り、学区のマンションの値が3割近く上がりました。ある小学校では卒業生の地域住民が、余裕のない保護者に代わって学校行事に関わり、「孫の学校を変えよう」と意気込んで知恵を絞るお年寄りもいます。

地域住民と保護者、学校が連携して新しい学校を創造する時代です。（聞き手・宮坂麻子）

こまつ・いくお　1947年生まれ。元国立教育政策研究所教育政策・評価研究部長。学校経営学が専門。国の有識者会議で副座長を務め、各地の教育委員会に助言。編著に「『新しい公共』型学校づくり」。

ご意見はasahi_forum@asahi.comか、〒104・8011（住所不要）朝日新聞オピニオン編集部フォーラム担当へ。

次回10日は PTA③ みんなの意見　11日は 18歳選挙権

朝日新聞フォーラム面で大きく特集された「PTA どう考えますか？」
（2015年5月4日朝刊の紙面）

ない」と流されてしまう。そういったことが、ＰＴＡではしばしば起こります。

では、なぜ「前年どおり」が目的化するかというと、それがもっとも、手間もリスクも少なくてすむからでしょう。

仕事を減らすことをふくめ、「それまでのやり方を変える」というのは、まあはっきり言って「めんどう」なことです。具体的に何をどう変えるか、どこを減らすか、という話になると意見が分かれるので、どうしても話し合いに時間がかかります。

だからといって、話し合いをはしょって内々で決めてしまうと、それもまためんどうなことに。『勝手に変えた！』って文句言ってる人がいたよ」なんていう声が、どこからか聞こえてきます。

その点、「例年どおり」は〝もっとも安全な近道〟です。「例年どおり」というのは、たとえほんの数年の実績であっても、ある種の正統性を帯びます。そのため、いちいちみんなに「このやり方（内容）でいい？」と意見を聞かなくても反論は出にくいですし、「なんで、あれやめた（変えた）の？」といった苦情を受けるリスクも避けられます。

そうして「例年どおり」がくり返されるうちに、それ自体が目的化していってしまうのです。

減らない理由2　人がどんどん入れ替わるから

ＰＴＡの会員は、学校の子どもたちといっしょに、どんどんメンバーが入れ替わっていくから、ということも要因として挙げられるでしょう。

さきほど説明したように、ＰＴＡの仕事を何か減らしたり変えたりしようとすると、どうしても手間ひまがかかります。ところが、子どもは6年（中学なら3年）で卒業してしまうので（2人以上子どもがいれば期間は延びますが）、変えた本人がそのメリットを十分に享受するまえに、ＰＴＡ会員ではなくなったり、役員を交代したりしがちです。

たとえば、安全パトロールの仕事を、安全委員会と地区委員会の両方でやっているというケース。どちらかを省けるはずですが、委員をやるのはみんなたいがい一年間だけなので、「いま声を上げても、どうせ今年度は変わらない（そのあいだに自分のお役目は終わる）」ということで、そのまま放置・継続されてしまう。そういったことがよくあるのです。

もし、みんなが10年、20年とかかわりつづける組織であれば、「手間やリスクを引き受けてでも、活動を見直そう」と思えるかもしれませんが、ＰＴＡは保護者にとって、〝子どもが学校に在籍するあいだだけ〟かかわる組織です。「そこまでの手間はかけられない」と判断して、とりあえず「前年どおり」を踏襲し、お役目を終える人が多いのも、無理はないところがあります。

「子どものため」の仕事は減らずに増える

このようにPTAでは、「前年どおり」が目的化しがちなことと、「人が入れ替わる」ことによって、仕事が減りにくいことがおわかりいただけたでしょうか。

が、ここでもうひとつ疑問が湧いてきます。

PTAの仕事は、なぜ「増える」のでしょうか？　これも人が入れ替わっていくため気づかれにくいのですが、PTAの仕事はたんに減らないだけでなく、少しずつ増えていくという傾向があります。

それはおそらく、PTAは「子どものため」の活動をしているからでしょう。

「子どものため」に手をかけること、すなわち活動を増やすことは、一般的に「すばらしいこと」「賞賛すべきこと」とみなされますが、活動を減らすことは「よろしくないこと」と認識されています。そのため、「増えるけれど、減らない」という現象が起きるのです。

いま、学校の先生たちの仕事が多すぎることが問題になっていますが、これも、同じ理由からでしょう。「子どものため」のことをする職業なので、どうしても仕事が増えていってしまうのではないでしょうか。

減らせる仕事はないの？ ＰＴＡの断捨離術

やめていい仕事の見つけかた

では、このように減ることなく増えつづけてしまうＰＴＡの仕事を、どうしたらいいでしょうか。

昭和のころのように、子どもの数がぐんぐん増えて、家事や育児に専従できるお母さんがたくさんいた時代ならそのままでもいいかもしれませんが、いまはまったく状況が異なります。これだけ担い手が減っているのですから、ＰＴＡの仕事もやはり、減らすのが道理でしょう。

おうちにある「モノ」といっしょで、ＰＴＡの仕事は勝手に減ってくれたりはしません。ちょっとめんどうではありますが、どこかの時点で「えいやっ」と覚悟を決めて、「断捨離」をする必要があります。

とはいえしかし、どうしたら減らせるのか？　何からやめていいものか？　なかなか見当がつかないのではないでしょうか。

そこで、ＰＴＡ活動を断捨離するための３つのポイントを考えてみました。

ポイント1　目的に照らして考える

まずは、目的に照らして考えてみることが必要でしょう。

ＰＴＡは何のためにあるのか？　それぞれの活動は何のためにおこなっているのか？　その目的からはずれるものは、やめていいと思うのです。

たとえば、「ママさんバレーの試合を応援するためだけの動員」とか、「事故ゼロ箇所でおこなう旗ふり」などは、何のためにもなっていないように思います。「今年も例年どおり実施しました」という実績をつくることはできますが、それはＰＴＡ活動の本来の目的ではないはずです。

まず、そういったものからやめていってはどうでしょうか。

ポイント2　活動範囲を絞り込む

「目的にあわないものを減らす」というだけでは、あまりPTAの仕事は減らせません。たいがいの活動は、何かしらの役に立っているといえてしまうからです。

そこで、目的自体を絞り込むというのも、一案だと思います。

そもそもPTAは何のためにあるのか？　これがじつは、人によって意見が分かれるところなのですが、筆者は、大きく分けて四つの目的があると思います。

1「子どものため」になることをすること
2「保護者どうしのつながり」をつくること
3「学校（先生）と保護者の協力関係」をつくること
4「地域と学校の協力関係」をつくること

全部やろうとすると、仕事が際限なくふくらんでいくので、このうちどれに重点を置くかということを、各PTAで相談して絞り込んではどうでしょうか。

ポイント3　費用対効果（コスパ）で考える

コストパフォーマンスで考えることも、必須でしょう。いくら目的にあっていても、

「成果」に対して「手間や負担」が大きすぎる活動は、やめてはどうでしょう。

教育や子育ての「成果」は簡単に評価できるものではありませんが、「これは明らかに手がかかりすぎている」という感覚は、わりあいみんな共通していると思うのです。

たとえば、ベルマーク活動。おそらく、始まった時代（１９６０年ごろ）には、時間に余裕のあるお母さんたちが集まって楽しみながら、学校に備品を寄付できるシステムとして、それなりに有意義なものだったのでしょう。

しかしいまは、ほとんどの保護者が仕事をしています。仕事を休んで作業をしても、ごくごくわずかな寄付しかできないので、「非効率すぎる」と感じる人が多いのは当然です。寄付をしたければ、ほかの方法を考えたほうがいいのではないでしょうか。

以上のようなポイントで、いまのＰＴＡ活動のなかで減らせるものがないか、一つひとつ見直してみてはどうでしょう。まるまるやめるのではなく、もっと手間のかからない方法に変更する、というのもアリだと思います。

データで見るPTA担い手減少の現実

子どもが減れば保護者も減る

ＰＴＡが保護者の悩みのタネになったのは、最近のことではありません。筆者が子どもだったころから、４月の保護者会でのクラス役員決めは、みんな下を向いて黙り込むのが定番だったと聞きます。

それにしても、ここへきていよいよ、ＰＴＡを見直す空気が高まっているのはなぜでしょうか？　それはやはり、活動を担える状況にある保護者が減り、みんなの負担感が増しているからでしょう。

担い手が減った原因は主にふたつあります。ひとつは子どもの数が減っていること、

小学校の児童総数の変化

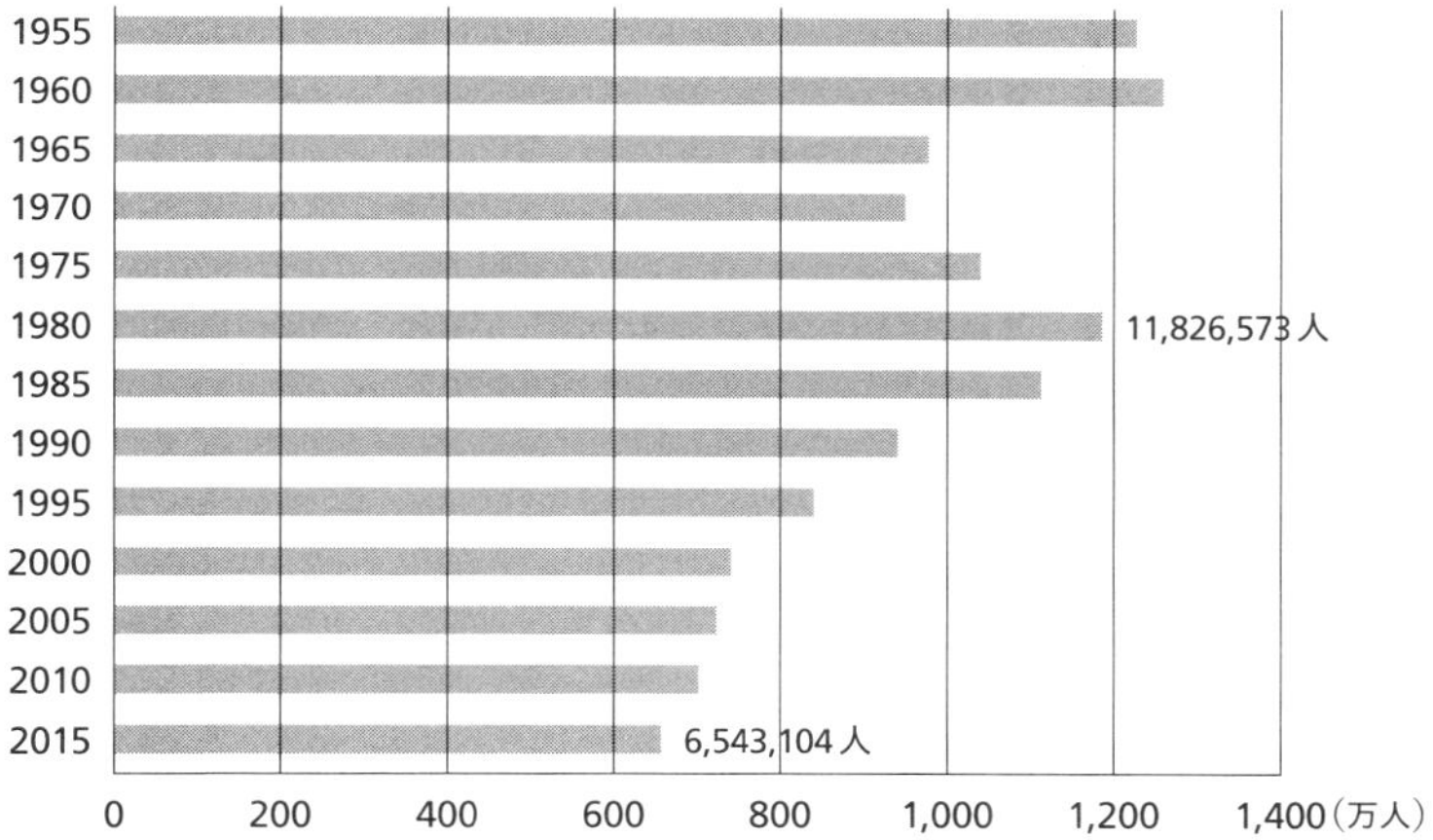

出典：文部科学統計要覧

すなわちひとつのPTAを担える保護者の総数が減っていること。もうひとつは、かつてPTAの担い手の主力だった専業のお母さんが、どんどん減っていることです。

　このような状況を、データで確認していきたいと思います。

　まず、保護者総数の減少というところから見ていきましょう。

　こちらは、戦後からの小学校児童数の変化を表したグラフです。中央のでっぱったあたりが、われわれ保護者世代が子どもだった、第2次ベビーブームの時期にあたります。1980

（昭和55）年、児童数が１２００万人近かったのが、いまはこの下端（２０１５年）で６５４万人ですから、半分近くに減っています。

ただし、学校の統廃合も進んでいるので、１校当たりの児童数がそのまま半分になっているわけではありません。文部科学省の調査によると、昭和56年の小学校の数は２５０００５校ですから、１校当たりの平均児童数は４７６人。平成27年は、同２０６０１校で、平均児童数が３１７人です。つまり、１校あたり3割ほど（約１６０人）児童が減っていることになります。

家庭数の減少も、児童数の減少とほぼ同割合と考えられるので、するとつまり、１つのＰＴＡを構成する保護者数も、３割ほど減っていると考えられます。

さらに、１クラスあたりの児童数が、むかしとくらべてかなり減っている点も見逃せません。われわれが子どもだったころにくらべ、１クラスの児童数は10人くらい減っていますから、当然、保護者の人数も同じくらい減っています。なのに、そこからむかしと同じ人数のクラス役員を出さなければならないのですから、一人の保護者がクラス役員に当たる確率は、ずっと高くなっています。

活動の担い手が減ったもうひとつの要因は、専業のお母さんの比率が、とても下がっていることです。

外で働くお母さんが増えている

むかしは家事や育児といった、いわゆる〝無償労働〟を専業でやれる母親がいる家庭が多くあったので、PTAも、そういったお母さんたちの労働力を前提にまわってきました。それがいまは、共稼ぎ世帯やひとり親世帯が増え、専業のお母さんがいるおうちのほうが少ない状況です。

27ページ上のグラフは、ここ35年ほどの、共稼ぎ世帯と専業主婦がいる世帯の推移を表したものです（子どもがいない世帯もふくむ）。

左端の1980年の時点では、専業主婦がいるおうちが1114万世帯、共稼ぎのおうちが614万世帯で、専業主婦がいるおうちが断然多い状況でした。

それが、いまはこの右端（2014年）で、共稼ぎ世帯が1077万世帯、専業主婦がいるおうちが720万世帯と、形勢がすっかり逆転しています。

さらに、ひとり親世帯も増えています（左ページ下のグラフ参照）。平成23年度全国母子世帯等調査（5年に1度実施）によると、ひとり親世帯は全国で約145万世帯あり（母子家庭約123万、父子家庭約22万）、子どもがいる世帯のうち7〜8世帯にひとつが、ひとり親世帯という割合になります。

以上のように、児童がいる世帯においては共稼ぎやひとり親世帯の比率がむかしよりかなり高くなっているため、専業主婦がいるおうちの比率はだいぶ下がっていることがわかります。

いままでどおりでは続けられない

さて、このようにPTAを担える保護者がだいぶ減っている状況のなかで、PTAはどう変わったでしょうか？

あまり変わっていません。基本的な構造はむかしのままですし、仕事量もほとんど変わらないか、もしくは増えているかと思います。

たとえば、登下校時の見守りや安全パトロールなどといった仕事は、むかしのPTA

共働き等世帯数の推移

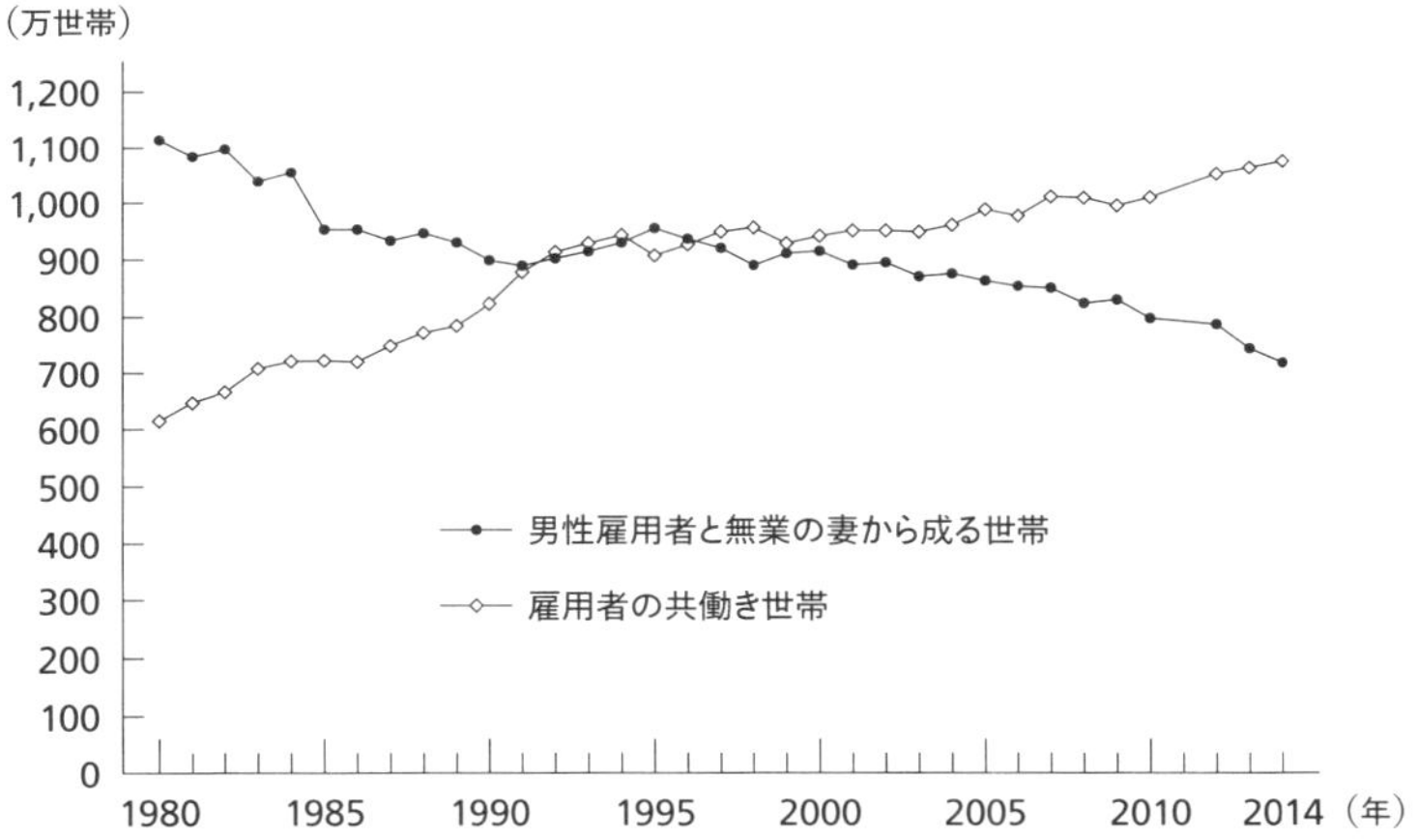

出典：男女共同参画白書 平成27年版

＊このグラフの「共稼ぎ世帯」は「夫婦両方がお勤め」の世帯のみカウントしています。

母子世帯・父子世帯の数（推計値）

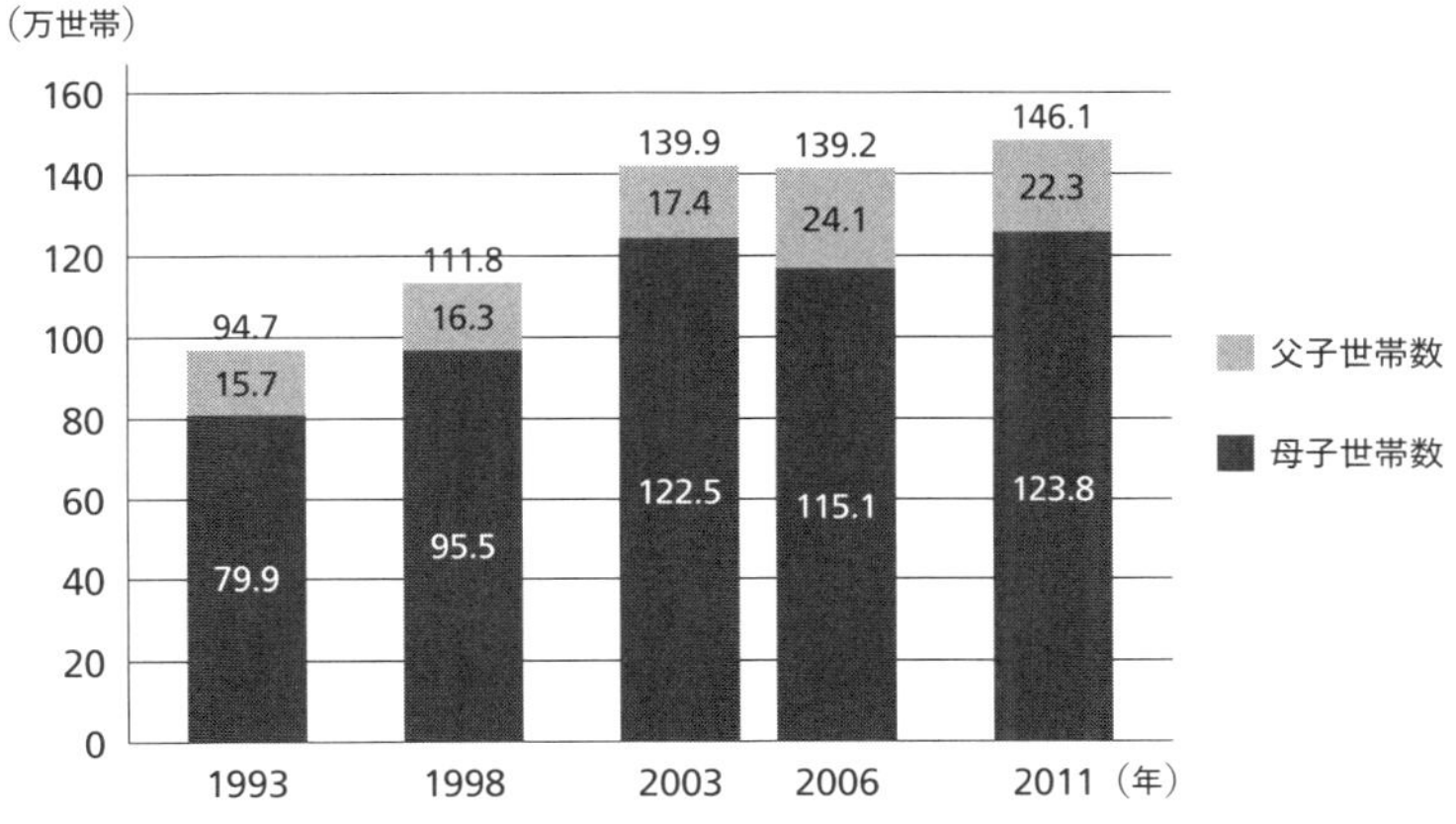

出典：全国母子世帯等調査

にはありませんでした。また、「親子いっしょに学校の掃除をする」なんていう催しも、筆者が子どものころにはなかったと記憶しています。

あとは、筆者が入っていた小学校のPTAで例を挙げると、一年のなかでもっとも労働力を投入する「夏祭り」という地域がらみのイベントも、筆者が同じ小学校に通っていた30年前には、まちがいなくありませんでした。さらに、「秋祭り」というイベントも、筆者が小学生だったときは、先生方だけでやっていた記憶があります。やはり仕事は増えています。

各地でおこなう講演会のさいに聞いてみても、やはり子ども時代とくらべてPTAの仕事が増えたと感じている保護者がほとんどです。

これはやはり、無理があるように思います。担い手が減っているのに仕事が増えているのですから、みんなの負担感が大きくなるのは当然のことでしょう。

「とにかくやらせる」から生じる本末転倒

「子どもがいなくてよかった」とまで言わしめる団体

先日、ひさしぶりに高校時代の友人と会いました。彼女は子どもがいないのですが、何かの拍子でＰＴＡの話題になり、「ＰＴＡってたいへんそうだね？　子どもはほしかったけれど、ＰＴＡのことを考えると『いなくてよかった』って思うよ」と、真顔で話してくれました。

以前は不妊治療で悩んでいた友人が、ＰＴＡのおかげで前向きになれたならとてもうれしいのですが、それにしても、「そこまで嫌われているＰＴＡってスゴイな！」とヘンな感心もしてしまいました。

さきにふれた朝日新聞のPTAアンケートでは、「PTAは少子化の一因」とする意見が散見されました。なかにはズバリ、「私が第2子をあきらめた理由のひとつはPTAです！」という声も。

なぜ、PTAはここまで嫌われるのでしょうか？

強制が嫌悪感をうむ悪循環

原因はいろいろありますが、最大の理由は「とにかく、強制的にやらせる」ことだと思います。

クラス役員や、委員会の部長を引き受ける人が見つからないとき、イベントや学校の手伝いをするさいに人手が足りないとき、みんなどうも「まだやっていない人がいる！ズルい、やらせなきゃ！」という方向に突っ走ってしまいます。「それは、ほんとうにやらなければいけないことか？」「やり方や日時を変えられないのか？」ということを考える人は、ほとんどいません。

さきほど、PTAではしばしば本来の目的が忘れられて「例年どおりにこなすこと」

が目的化してしまう、という話を書きましたが、もうひとつ「全員で平等に仕事を負担すること」が目的化してしまうことも、たびたびあるのです。

すると、「その人がＰＴＡ活動をできる状況にあるか否か」とか、「ＰＴＡ活動をやりたいと思っているかどうか」などとはいっさいかかわりなく、強制的に仕事をさせてしまうことになります。

そのために「ＰＴＡ＝無理やりやらされる、おそろしいもの」というイメージがみんなに刷り込まれ、自分からやろうという人がますますいなくなってしまうのです。

やる人がいないから、無理やりだれかにやらせるわけですが、そうすると、それが原因でさらにやる人がいなくなる、という悪循環。鶏と卵のような話ですね。

「とにかくやらせる」というやり方には、じつはほかにも、いろいろなデメリットがあります。一つひとつ見ていきましょう。

デメリット1　問題が先送りされる

やる人が見つからないのには、何か原因があるわけですが、「とにかくやらせる」ことに力を注ぐと、その原因を探ること、改善することが忘れられてしまいます。「それはどうしても、やらなければいけないことか？」とか「やり方や日時を変えられないのか？」といった問いや見直しが、置き去りにされてしまうのです。

たとえば「広報委員のなり手が出てこない」というとき、まず考えるべきことは、なぜ、なり手が出ないのかを考え、発行頻度や作業分担、手順などなどを見直し、負担や不安を減らしていくことでしょう。ところが多くの場合、みんなじゃんけんでもくじ引きでもして、なり手を見つけることだけに心血を注いでしまいます。そして、同じ問題が毎年引き継がれていってしまうのです。

デメリット2　つらい状況の人を追いつめてしまう

保護者のなかには「ほんとうにＰＴＡ活動をできない（する余裕がない）」という状況の人もいますが、「とにかくやらせる」というやり方をすると、そういう人を、さらに追いつめてしまうことになりがちです。

家族や自分が闘病中の人、介護をしている人、小さいお子さんがいる人、ダブルワークやトリプルワークをしているひとり親などなど、いろんな状況の人がいるのですが、そういう人にも「かならずこの日に来てください」「かならずこれをやってください」と強制してしまうので、無理をする人や、心理的に追いつめられる人が、どうしても出てしまうのです。

筆者の知人は、乳がんが発覚した時期にPTAから「一人一役」のお手紙を配られ、「召集令状を受けとった気分だった」と言います。一見、みんな活動できそうに見えるのですが、けっしてそうではないのです。

もちろんなかには、「やれるけれど、ただやらない」という保護者もいるでしょう。そういう人に対して「ズルい！」と思ってしまう気持ちもわかるのですが、ただ、そういう人と「ほんとうにできない人」は、見た目で区別することができません。

そのため、「ズルい人」にやらせようとすると、どうしても「ほんとうにできない人」も追いつめてしまう、というジレンマがあるのです。

ですから、そこはしかたがありません。区別するのはあきらめて、本人が「やれない」と言ったら、無理にはやらせないこと。それしかないと思うのです。

デメリット3　やらせるのに無駄なコストがかかる

やりたくない人に何かをやらせるのは、ひじょうに手間がかかるものですが、その手間に見合うだけの成果はまず得られません。

たとえば登下校の見守りを「みんなで平等に負担」するため、当番制にするとします。すると、当番を組むだけでもそれなりに手間がかかりますし、さらに当番の日にみんなちゃんと出てきたか、「サボった人」がいないかをチェックしようとすると、そこでも労力がかかります。また、出てこなかった人に注意を促すために電話やメールで連絡をすると、そこでも仕事が増えてしまいます。

しかも、リターンが何ひとつありません。子育てや会社の仕事なら、「とにかくやらせる」ことで、子どもや部下が育っていくというメリットも考えられますが、ＰＴＡの仕事の場合は、「ただたんに手間がかかっただけ」ということになってしまいます。だったら最初から、やれる人がやる、それだけでいいと思うのです。

デメリット4　まわりもいやな思いをする

経験がある方はすぐわかると思うのですが、やりたくない人に無理やりやらせると、結局、いっしょにやる人があとで苦労することになります。

文句ばかり言って仕事をしないので周囲の負担が増える、手を抜いて仕事をするのであとでだれかが尻拭いをする羽目になる、などといった展開がしばしば見られます。

また、やりたくない人がやると、なぜかかならず、「ほかのやりたくない人」にもやらせようとしがちです。

自分がやりたくないのにやらされて、いやな思いをしたのであれば、ほかの人が同じ思いをしないですむよう、しくみを変える努力をしてほしいところですが、どうもそうではなく、「自分がしたいやな思いを、ほかの人にも味わわせねば」と考えてしまうようです。それでは悪循環が続いてしまうので、やりたくない人にはやらせないのがいちばんではないでしょうか。

デメリット5　いらない仕事が増える

とにかくやらせることが目的化すると、「みんなで平等に仕事を負担するために仕事を増やす」ということが起きる場合があります。冗談のようですが、ＰＴＡではけっしてめずらしくない話です。

たとえば児童数が多い学校の場合、クラス数も多いので、ひとつの委員会の人数が多くなりますが、そのとき「何もしない人がいるのはズルい」ということで、仕事を増やしてしまう。そういったことが起こるのです。

あとは、ほんとうは係全員が集まらなくてもすむ仕事量なのに、「やらない人がいるのはズルい」ということで全員が召集されて、無駄に人があまってしまう（作業は5分で終了）といったシーンもよく見られます。

納得すれば自分から「やってみよう」という人も

このように、「とにかくやらせる」というやり方はデメリットがひじょうに多いので、できるだけやめたほうがよいと思うのですが、では、人手が足りないときはどうすればいいのでしょう？

やれることは、いろいろあると思います。まずは、みんなが参加しやすくなるように、環境を整えること。ＰＴＡ、あるいは学校や地域のことにかかわってみたい、と思っている人は、いまじつは増えていると思うのですが、そういう人が気軽にＰＴＡ活動に参加できるように、やり方を変えていくのです。

たとえば、「活動の曜日や時間帯の選択肢を増やす」「いつどんな活動をするという内容をできるだけ具体的に提示する」「仕事を減らしたり、やり方を見直したりして、仕事の量を減らしていく」などなど。それをすれば、「とにかく、やらせる」のでなくても、自分から「やってみよう」という人がもっと増えていくと思うのです。

さきほど、「やれるけれど、ただやらない人もいる」ということを書きましたが、じつはこのなかにも二通りのタイプがいます。「ただたんにやりたくない人」と、「いまのPTAのやり方に納得がいかないから、やりたくない人」がいるのです。

後者のタイプは、PTAのやり方を見直していくと、自分から入ってくる可能性が高いと思います。ちなみに筆者もむかしは、後者のタイプでした。

イソップ寓話で「北風と太陽」という話がありますが、要はあれと同じ理屈です。PTAも「北風方式」をやめて、「太陽方式」でいったほうが楽しくなって、みんな自然と集まってくると思うのです。

もしそれでもまだ手が足りないときは、集まった人数にあわせて仕事を減らすことが必要でしょう。

PTAが成立しなくなる!?タブー視されていた任意加入

申し込みなしで会員になる?

なんでわざわざ書くのかと思われるほど、あたりまえの話ですが、私たちは何かの会のメンバーになるとき、入会の申し込みをします。

電器店でもスポーツクラブでもNPOでもなんでも、会員になるためには、名前や連絡先などの情報を伝え、加入を申し込む必要があります。その結果、キャンペーンやイベントの案内が届いたり、会費の支払いを求められたりして、会員として扱われるようになるわけです。

ところが、PTAは多くの場合、申し込みが不要です。子どもが学校に入ると、保護者は自動的にPTA会員として扱われます。PTAに入るかどうか、意思を問われる機会がないのです。考えてみたら、だいぶおかしなしくみでしょう。

戦後まもなく、アメリカの要請で日本にPTAが導入された当時は、まだみんな、任意で加入するような団体になじみがなかったため、一律で自動加入させるかたちにするしかなかったのかもしれません。しかしいまの時代、本人の意思を問わず団体に入らせるというやり方は、むしろかなり特殊です。

口にしづらかった、そのワード

10年くらいまえまでは、まだPTAが任意加入であることを知らない人のほうが、ずっと多かったと思います。

2007〜2008年に川端裕人さんが雑誌や著書『PTA再活用論』(中公新書)で強制加入の問題を指摘し、その後、憲法学者の木村草太さんが新聞でPTAの違法性を明らかにしたことなどから、ＰＴＡが任意加入であることは知られるようになってきましたが、いまでも「ＰＴＡはかならず加入しなければならないもの」と思っている保護者は少なからずいます。

筆者がＰＴＡの取材を始めたのは、２０１３年の夏でしたが、このときもまだ現場では、「ＰＴＡ＝任意加入」という話は、タブーのように扱われているところがありました。ＰＴＡ会長さんなどにお話をうかがっていると、ずっとニコニコとお話しされていたのに、私が「任意かにゅ…」という言葉を口にしたとたん、急におっかない表情に変わる。そんな経験も、何度かありました。

最近はだいぶそういう空気は薄れてきて、ＰＴＡが任意加入であることはかなり〝常識〟に近づいてきたと感じますが、しかし、それでもじっさいには、自動強制加入を続けているＰＴＡがほとんどです。

〝強制加入〟がひき起こすさまざまな問題

この自動強制加入方式には、さまざまな弊害があります。

たとえば、直接的にはこんな問題が生じます。

○ＰＴＡ会費を払えない人・払いたくない人が、給食費の支払い口座から会費を勝手に引き落とされるなど、意志に反して払わされてしまう。

○家庭の事情などで活動に参加できない人・したくない人も否応なく仕事を押しつけられてしまう。

○退会しようとした人や退会した人がいやがらせを受けたり、「子どもがいじめられる」と脅されたりする。

これらの問題はまちがいなく、任意加入で運営していれば起こりえないものです。

ほかにも、加入方法とはいっけん関係なさそうにみえる問題も、自動強制加入が原因となってひき起こされている場合があります。

たとえば、以下のようなものです。

問題その１　楽しくない

ＰＴＡ活動が嫌われる原因はいろいろとありますが、そもそもみんな「やりたいかどうか聞かれていないから」というところは大きいと思います。

入会意思を確認されないまま、子どもの入学とともにPTAに自動入会させられているのですから、「やらされ感」を抱くのはある意味、当然ではないでしょうか。

たとえば、もしあなたが有無を言わさず「釣り」のサークルに加入させられたとしたら、楽しめるでしょうか？（釣り好きな方は、何かほかの、いまひとつ興味がわかないサークルを想像してみてください）

ほとんどの人はブルーになるか、少なくともあまり楽しめないのではないでしょうか。なんでもそうですが、やはり「自分が選んだ」という実感がないものごとは、なかなか楽しみづらいものです。やるかやらないか聞かれていないのに、「楽しめ」って言われても、それはちょっと……、と思う人が多いのは、ごくあたりまえのことと思います。

問題その2　個人的な事情を人に明かさなければならない

保護者のなかには、いろんな事情を抱えた人がいます。

見た目ではわかりませんが、PTA活動に参加する余裕がないおうちや、あるいはPTA会費を払う余裕がないおうちも、確実に存在します。

そういう人がPTAをやめたり、委員になるのを断ったりする場合、現状ではどうしても「個人的な事情」を役員さんや周囲の保護者に明かさなければなりません。

「じつは病気を患っています」

「夫がずっと入院しています」

「食費もぎりぎりの生活をしています」などなど。

もし自分がその立場だと想像したら、どうでしょうか。私なら、「親しくもない人に、そんなことをわざわざ言いたくない」と思います。

なかにはその理由を他人に言いたくないために、PTA活動に参加できないことを言いだせず、悩みを深めていく人もいます。たとえば、筆者の友人の妻は、うつ病であることを周囲に明かせず、PTAや自治会の仕事を断ることができないまま、みずから亡くなってしまったそうです。

「PTA活動をできない証として、病気の人に診断書を出させる」などという話もときどき聞きますが、これもとんでもない話です。

これらもまさに、PTAが自動強制加入であるために起こっている問題です。PTAが任意加入になっていれば、やめたい人は事情など明かさず、退会したり、役員を断ったりできるはずです。またそもそも、最初からPTAに加入しない選択だってできます。

問題その3　学校が寄付を受けとりづらい

日本のPTAではむかしから、学校への寄付（PTA予算から学校の備品や設備にお金を出すこと）が一般的におこなわれてきました。そのこと自体の是非はいったん横におきますが、寄付というのはあくまで、本人の意思にもとづいて金品を供出するものです。

自動強制加入状態のPTAで寄付がおこなわれてしまったら、話が異なります。「寄付をしたい・したくない」にかかわらず、払った会費を寄付に使われてしまうわけですから、それは寄付とはいえないでしょう。

それはよろしくないので、自治体や学校によっては「PTAから寄付を受けとらない」という方針を打ち出しているところもありますが、それもちょっとおかしな話です。PTAが自動強制加入であることを前提に寄付の受けとりを禁じるというのは、順序が逆でしょう。

PTAがちゃんと任意加入方式で運営されていれば、せっかくの寄付を断ったりせず、堂々と受け入れることができるのです。

筆者の友人が加入する、アメリカのとあるPTSA（Parent-Teacher-Student-Association）では、年度はじめに「今年はこういう活動をして、こういう備品を学校に贈る予定です」と公表したうえで、加入者を募集するそうです。これなら意思に反して寄付させられる人はいませんから、受けとる学校の側も〝安全・安心〟でしょう。

寄付の話にかぎりませんが、日本のPTAも「今年度はこういう活動をします」と提示したうえで加入者を募る（任意加入にする）ほうが、身動きをとりやすいと思います。活動内容への賛否を問うことなく強制加入させてしまうから、反対の声が上がるのを恐れて、去年と違う活動をしづらくなるのではないでしょうか。

任意加入を周知したら、みんなやめてしまう？

以上のような問題点を考えると、やはり自動強制加入はやめる必要があるのですが、よく、「強制をやめたら、みんな入らなくなってしまうのでは？」と心配する人がいます。

これについては、私は「どうかな？」と思います。そこまで悲観しなくてもいいのではないでしょうか。

地域や学校とかかわりをもちたい、子どもたちのために何かしたい、と考える親は、むかしとくらべて確実に増えていると思うのです。みずからの意思で参加・活動する「ボランティア」というものも、自然なものとして日本社会に根づきつつあると感じます。ですから、ＰＴＡの問題点をしっかりと改めていきさえすれば、加入者がいなくなることはまずないと思うのです。

また、現実的に考えると、ほとんどの日本人は「みんなと違うこと」をするのをひじょうに恐れるので、ＰＴＡが任意加入とわかっても、非加入を選ぶ人はそれほど多くならないことが予想されます。

じっさい、ここ数年の間に加入届を配るようになったいくつかのＰＴＡに話を聞いたところ、ほとんどの場合、加入率は毎年９割を超えているそうです。

なかには仕組みを根っこから変えて、３〜４割の加入率で活動しているＰＴＡもありますが、それでもいいと思うのです。いまだってＰＴＡにがっつりかかわる保護者の率はそのていど（またはもっと少ない）だと思いますし、それでももし支障が出る場合は、人数が減ってもまわせるていどに活動を縮小すればいいはずです。

予算（会費）だって、集まったぶんでできることをすればいいでしょう。全世帯に提供する記念品などは、ＰＴＡ会費ではなく、べつの名目で徴収することだってできます。

もし加入者が数名しかいない場合、つまりほとんどの人が参加したくないＰＴＡなのであれば、休止や解散にするのもアリでしょう。

別の言い方をすると、自動強制加入のままにしておけば、どんなにひどいやり方をしても、ＰＴＡは存続できるわけですが……。どちらがいいでしょうか？

おすすめの資料

『ＰＴＡ再活用論』川端裕人著、中公新書ラクレ、２００８年

「入会なんて聞いてない――父親たちの語るＰＴＡ　川端裕人×木村草太」 http://synodos.jp/society/5096

「大きな慣性に逆らって――父親たちの語るＰＴＡ　川端裕人×木村草太」 http://synodos.jp/society/7755

入会届け完備！〝合法〟ＰＴＡが増殖中

学校から児童名簿をもらうのは違法？

さきほど、さらりとこんなことを書きました。

「ＰＴＡは多くの場合、申し込みが不要です。子どもが学校に入ると、保護者は自動的にＰＴＡ会員として扱われます。ＰＴＡに入るかどうか、意思を問われる機会がないのです」

ここで、不思議なことに気づきます。なぜＰＴＡは、入会申込ナシで会員を獲得できるのでしょうか？　電器店やスポーツクラブでは、入会申込をしない人が会員になることはありえませんが、なぜＰＴＡだけ、自動的に会員をゲットできるのか。

それは、学校からＰＴＡに、児童や生徒の名簿が渡されているからです。

しかし、学校とＰＴＡはまったく別の団体ですから、本人の同意なしでの名簿提供は流用にあたり、やっていいこととは言えません。個人情報保護法に違反します。

さきほども書いたように、ＰＴＡは戦後まもない時期にアメリカの要請によって文部省が旗振りし、全国の学校でつくられるようになったものです。このときはたしかに「入りたい人は入ってください」というかたちでは成立しなかったかもしれず、名簿を流用して自動強制加入させるしかなかったのかもしれません。でももう、それから70年も経つのです。同じやり方では、もはや弊害のほうが目立ちます。

入会申込書を配るＰＴＡがじわじわ増殖

ただし最近は、この名簿流用の問題が学校やＰＴＡ関係者のあいだで認識されはじめ、少しずつ状況が変化しつつあるようです。

じっさいに、非加入や退会をＰＴＡに申し出る保護者が全国で増えはじめ、それに対して学校やＰＴＡ役員が不適切な対応をとって、トラブルになる事例も出てきています。

もしここで名簿の無断流用が問題になれば、言いのがれしようがありません。

そこで、そのような事態になるまえに、保護者から入会申込を集めて、学校の名簿を流用しないですむかたちを整えておこう、と考えるPTAが増えはじめているのです。

筆者が聞いた、いくつかの例を紹介しましょう。

〝合法化〟例1　Aさん(東京都・A区)公立小学校PTAの場合

2009年度から、年度初めに「入会のお願い」という用紙を配るようになりました。用紙に「入会する・しない」の選択欄はなく、用紙の提出をもって入会と扱うかたちです。

きっかけは、当時の保護者から「強制加入はおかしい」という声が寄せられたことでした。そこで、この保護者とPTA役員、学校、教育委員会が何度も話し合いをした結果、「全家庭に入会申込書を配る」という結論に至ったそうです。

なお、これを機に教育委員会が区内の全小中学校に通達を出したため、同区ではその後もう一校、PTA入会申込書を集めるようになりました。

〝合法化〟例2　Bさん(東京都・B区)公立小学校PTAの場合

2013年度から、PTA入会の「確認書」を集めるようになりました。きっかけは「学校から名簿がもらえなくなったこと」でした。当時の校長が問題を認識し、PTAへの児童名簿の提供をストップしたため、本部役員が相談し、申し込みを経て入会するかたちを整えたのだそうです。

"合法化"例3　Cさん（東京都・C区）公立小学校PTAの場合

2015年度から「入会届」と「退会届」が整備され、さらに会則も改訂されて、入退会に関する規定が加えられました。

きっかけは、Cさんが退会を申し出たことです。ただし、Cさん自身は「入会の意思を問わないのは、おかしいのでは」と言ったのみで、具体的な要望（申込書の配布や会則の整備）はとくに出さなかったそうです。

「おそらく、問題を認識した校長先生が中心になって、届け出や会則を整えてくれたのではないか」とCさんは推測しています。

*くわしい経緯を知りたい方は、ライター・田所永世さんのブログ記事「一人の退会者をきっかけに入会届ができたPTA」をご参照ください　http://blog.goo.ne.jp/tadokoroe/e/dfb55208362 8e2319f3eba0c7846 6c25

〰合法化〰例4　Dさん（滋賀県・D市）公立小学校PTAの場合

2013年度から、学校がPTAに個人情報を提供することについての「同意書」を、全家庭に配布するようになりました。

用紙には「同意する／同意しない」の選択欄があり、「同意する」を選んだ場合は、電話番号や住所などを記入のうえ、提出します。

「同意書」を配るようになったのは、DさんがPTAを退会したさいに、入会届の整備を働きかけたことがきっかけでした。

以上4例、それぞれ配布している用紙の名称は異なりますが、実質的には入会申込書といえるでしょう。いずれのPTAも、現在は学校から名簿の提供を受けていません。

なお、いまのところ、PTA加入率は4例とも、95％を超えているそうです。

「非加入家庭の子どもをどう扱うか」問題

さて、このように実例を並べると、入会申込書を配ること、すなわち任意加入のかたちを整えることは、とても簡単そうにみえますが、自動強制加入をやめるさいには、かならずどこのPTAでも議論になる、お決まりのテーマがあります。

それは「PTA非加入世帯にも、加入世帯向けと同様のサービスを提供するか否か」ということです。つまり、保護者がPTA会員でなく、会費や実務を負担していない家庭の子どもに対しても、PTAのサービスを受けさせるかどうか、という点です。

具体的には、おもに以下の2点が問題になります。

1 記念品のような「子ども全員に配るもの」を非加入世帯の子どもにも配るか否か

2 PTA主催のイベントに、非加入世帯の子どもも参加できるようにするか否か

さきほど例に挙げた4つのPTAでは、この2点についてどのように扱っているのでしょうか。おもに、以下の3種類の対応に分けられます。

対応A　区別なしでサービスを提供

加入世帯と非加入世帯の区別はいっさいしない、という対応です。さきほどの例では、

ＡさんとＤさんのＰＴＡがこれに該当します。

記念品の受けとりも、ＰＴＡ主催のイベント参加もすべて、非加入世帯の子どもも可能です。別途、実費の負担を求められることもありません。

対応Ｂ　「実費負担」を条件にサービスを提供

非加入世帯には「実費を負担してもらうこと」を条件にサービスを提供する、という対応です。ＣさんのＰＴＡがこれに該当します。

金銭的な負担が少ないサービスであれば、タイプＡの対応（区別せず提供）でも問題になりませんが、あるていど費用がかかるサービスの場合、非加入世帯に無償で提供するのは「不公平」と考える保護者もいるため、このような対応をとるＰＴＡもあります。

対応Ｃ　ＡとＢの混合型でサービスを提供

上記ＡとＢのミックスタイプです。サービス内容によって、非加入世帯にも無条件で提供したり、実費負担を条件に提供したりします。

たとえば、さきほどのＢさんのＰＴＡは、記念品については実費負担を条件に提供しますが、イベントはもともと経費がＰＴＡ予算ではないところ（奨学金）から出ているため、こちらは加入・非加入の区別なく無条件に参加できます。

以上のように、非加入世帯へのサービス提供の仕方には、「実費を負担すればＯＫ」のかたちと、「実費負担なしでＯＫ」のかたちがあります。それなりに費用がかかるサービスは実費負担で提供、費用があまりかからないサービスは無条件で提供、というかたちが多いようです。

そして、ここが大事なところですが、「非加入世帯にはサービスを提供しない」というＰＴＡはありませんでした（少なくとも筆者が聞いた4例のなかでは）。数年前までは、「加入しないと（退会すると）、子どもが記念品をもらえなくなるけれど、それでもいいのか」などと脅されることが少なからずあったようですが、最近はそこまでひどいケースは減ってきたのではないかと思います（……と書いたそばから、２０１6年春、大阪府堺市の私立校で、保護者組織を退会した家庭が、実費負担の申し出を拒まれ、子どもが卒業式のコサージュをもらえなかったため、訴訟を起こしました）。

ちなみに、Ｄさんの隣の学校のＰＴＡも、入会申込書を配っているそうですが、こちらは当初、非加入世帯の子どもは運動会のテントや集団登校に入れてもらえなかったそうです。しかし、粘りづよく交渉を続けた結果、いまはどちらも入れてもらえるようになり、また、記念品も実費を負担すればもらえるようになったとのこと。

保護者はそれぞれの事情からＰＴＡに加入できない、あるいは加入しないことがありますが、その子どもを活動から排除しないというのは、当然の対応でしょう。

ついでにいうと、非加入世帯への提供を迷うような類のものは、そもそもＰＴＡで扱わなければよいのです。たとえば、卒業式の記念品やお花、運動会の賞品などの代金は、ＰＴＡ会費ではなく、ほかの名目（卒対費、学級費、積立金など）で徴収しておけば、非加入者が出てきても問題にならないはずです。

活動曜日・時間に正解はあるのか？

母たちをモヤつかせる不穏な空気の源

これはいったい、何なのか⁉　はじめてPTAに足を踏み入れた父親たちをしばしば戸惑わせるのが、母親たちのあいだに流れる、なにやら不穏な空気です。

最初に結論を言ってしまうと、不穏な空気を生み出す最大の原因は、PTAの「活動時間」だと思います。PTA活動を「平日・日中だけ」でおこなっていると、どうしても〝専業母〟と〝働く母〟のあいだの溝が深まりやすいところがあるのです。

地域によっては、夜や土日に活動するPTAもだいぶ増えてきましたが、まだ都市部などは地方にくらべると専業母率が高いこともあり、いまでも平日・日中だけ活動しているＰＴＡが少なくありません。

われわれが子どもだったころは、世の母親の大半は専業主婦でしたから、ＰＴＡ活動を平日・日中におこなうのはあるていど理にかなっていたのでしょうが、いまは状況がかなり異なります。共稼ぎやひとり親世帯が増え、専業のお母さんはかなり減っています。それなのに活動時間はむかしのままなのですから、どうしたって無理が生じます。

言うまでもありませんが、お勤めの母親や父親が平日・日中のＰＴＡ活動に参加するためには、仕事を休まなければなりません。これは大きな負担です。

一方で専業のお母さんたちも、これだけ数が減っているのに、そのなかでＰＴＡの仕事をまわすことになりがちで、やはり負担が過剰になっています。

このような状況は、働く母、専業母、どちらにとっても不幸なものといえるでしょう。

専業母と働く母、両者が抱えるわりきれない思い

専業母と働く母、それぞれの心のうちを、もう少し深くのぞいてみましょう。

専業母は「平日・日中は時間があるんだから、ＰＴＡ活動をやって当然」と思われが

ちです。とはいえ、このご時勢ですから、「そろそろ仕事を再開しようかな?」と考えている人もだいぶ増えています。

お勤めの人たちは仕事を理由にPTA活動をせず、働いてお給料をもらっている。その一方で、自分たちはPTAで〝タダ働き〟をしている。私たちだって、同じ時間だけ外で働いていたら、お金がもらえていたはずなのに……。「そんなの、不公平だ」と専業母たちが思うのは、ある意味自然なことでしょう。

一方で、働く母たちは「活動時間が平日・日中」であることに、根本的な不満があります。

専業母ばかりにPTAをやってもらうのは申し訳ないと思うけれど、「だって平日・日中に活動しているんだからしかたないじゃない。仕事を休んでまで参加しろと?」と思っているのです(なかには「申し訳ない」とまったく思っていない人もいて、そこがさらに専業母を苦しめるのですが!)。

正社員であればまだ、有給休暇を使ったり、自分の裁量で仕事の時間を調整したりできるかもしれませんが、いま母親たちの多くはパートなど非正規雇用で働いています。その場合、時間の融通はききにくいですし、欠勤や早退はそのまま減収を意味します。

なぜ夜や土日に活動できないのか？

「それなら、活動時間を夜や土日にすれば解決するじゃない？」と思うかもしれませんが、意外と簡単に変えられないケースもあります。

理由はおもにふたつあるのですが、いちばんは「学校や先生の事情」です。

ＰＴＡが夜や土日に活動すると、会議に参加する先生や、鍵やセキュリティシステムを管理する先生が、勤務時間外まで学校にいなければならなくなるからです。先生だって人間ですから、勤務時間外に仕事をお願いするのは心苦しいですが、いまは平日・日中の活動に参加するため、たくさんのお勤めのお母さんたちが、有給を使ったりパートを休んだりして、学校に来ています。そのため「ＰＴＡ活動で有給を使い切って、学習参観に行けなかった」なんていうブラックジョークのような話もじっさいに聞きます。

ですから、そこはやはり、先生たちに譲っていただきたいと感じます。そのぶん、先生がどこか別の日に休みをとれるように、教育委員会や文科省がうまくしくみを整えてくれるといいのですが。

活動を夜や土日にしづらいもうひとつの理由は、「いま現在、ＰＴＡ活動の中心を担っている人にとって、平日・日中のほうが都合がいいから」ということです。

これも鶏と卵です。いま平日・日中にやっているから、その時間帯に参加しやすいお母さん・お父さんたちがＰＴＡを担っているわけで、当然その人たちからはわざわざ「土曜や夜に変えよう」という声は出てきづらいものです。

なお、お勤めの母親・父親は、「夜や土日ならお勤めの人も、専業のお母さんも、みんなが集まりやすいはず」と思いがちですが、じつはそうとも言いきれません。専業のお母さんにしてみると、夜や土日（とくに夜）はむしろ「勤務時間」に近い感覚なので、家を空けられないと感じる人もなかにはいるのです。

万人に都合がいい活動時間はそもそも存在しない

それでは結局、ＰＴＡはいつ活動すればいいのでしょうか？

筆者がいちばんいいと思うのは、「活動時間の選択肢を増やす」というやり方です。

すべての保護者に都合がいい時間帯というのは、じつは、そもそも存在しません。平日お勤めの人もいれば、夜勤がある人、土日に仕事をする人、筆者のような自営業の人、シフト制で働く人もいるし、専業主婦や主夫もいます。つまり、活動の時間帯が「平日・日中だけ」でも、「夜や土日だけ」でも、どうしても都合があわない人は出てくるのです。

ですから、たとえば「この活動は土曜の10時からやります」「この活動は〇月〇日18時からやります」「これは火曜の10〜12時です」といったように、さまざまな活動時間の仕事を提示して、それぞれ参加者を募ってはどうでしょうか。そうすれば、みんなそれぞれ自分の都合にあわせられるので、結果的に多くの人が、あまり負担を感じずに参加できると思います。

もし選択肢を複数つくれない場合は、その時間帯に出てこられない人がいても当然のこととして許容しましょう。

ちなみに、夜に集まって活動する場合には、小さい子どもをどうするかという問題が出てきます。だれか、おうちで見られる人がいればいいですが、そうはいかない場合も多いでしょう。子どもだけを家に残して親がPTA活動に出かけるのは本末転倒ですから、「それでは参加できない」という人がいても当然です。

夜に集まる場合は「子ども連れＯＫ」にするのがよいのではないでしょうか。そのへんで遊ばせておけば、大人も自然と「早く終わらせなければ」という気持ちになるのでは。

また、集まる曜日や時間帯だけでなく、場所についても見直してもよいかもしれません。学校の都合で平日夜や土曜に集まれないという場合でも、もし周囲にファミレスやマンションの集会所などがあって、そこに集まれるのなら、活動の時間帯も融通がきくようになるでしょう。

保護者どうしの対立はなぜ泥沼化するのか

「お化け屋敷」のために追いつめられた保護者

先日、連載の読者の方（Aさんと呼びます）から、こんな悩みをうかがいました。

Aさんの子どもが通う幼稚園では、毎年秋にハロウィンのイベントをおこないます。そのイベントではいつも、保護者の有志が「お化け屋敷」のコーナーを提供しています。

ところが、そのお化け屋敷が「子どもには怖すぎる」のだそう。当初は〝ちょっと暗い部屋の迷路〟というていどだったのが、年々エスカレートしていき、ここ数年は〝ほぼ真っ暗な部屋〟になってしまいました。魔女やスケルトンの扮装をした保護者が待ちかまえ、逃げまどう幼児を捕まえるなど、〝大人でも苦手な人は無理〟というレベルなのだとか。

Aさんの娘は、怖いものが大の苦手です。「娘を、そんなお化け屋敷に入らせたくない」と思ったAさんは、「もう少し〝怖くないお化け屋敷〟にもどしてほしい」と、ほかの保護者にかけあいました。ところが、ほかの保護者は「怖くなかったら、お化け屋敷ではない」といって、とりあってくれません。

当初、幼稚園の側は「保護者どうしの話し合いにまかせる」というスタンスでしたが、Aさんとほかの保護者の対立が深まるにつれ、しだいに「お化け屋敷は怖くないとつまらない」という多数派の保護者につくようになっていきました。

すると、Aさんといっしょに声を上げてくれた数人の保護者も、だんだんと口を閉ざすように。Aさんは孤立し、もはや転園も検討せざるを得ない状況なのだそう……。

ここまで深刻な事態になることはめずらしいかもしれませんが、こういった保護者間の意見対立は、PTAや学校ではよくあるものでしょう。子どもに関することで、「どちらが正しい」とは言いきれないような考えの対立が起こるのは、避けがたいものです。

そんなとき、学校や園は〝公式見解〟を打ち出すのではなく、「声の大きい側」につくことがしばしばあります。声が大きいのは、多数派とはかぎりません。少数意見でも声の大きい人がいれば、学校や園はそちらに従うこともめずらしくないのです。

しかし、「声が大きければ勝つ」というのは、それもまた野蛮な話です。このような意見対立に陥ったとき、保護者はいったい、どうすればよいのでしょう？

考えが違う人どうしが、認めあうこと

この件では、Aさんも、対立した側の人たちも、おたがいに「自分とは違う考えを認める姿勢」が必要だったのではないかな、と思います。

他人の考えを変えさせようとしても、まずうまくいきませんし、それをする必要もないでしょう。ただシンプルに、「参加したい子は参加する、参加したくない子は参加しない」というかたちを確保できれば、それですんだと思うのです。

まずAさんのほうは、「怖くないお化け屋敷にする」のではなく、「自分の子どもがお化け屋敷に参加しない」という方向で、話を進めてもよかったのではないでしょうか。

Aさんは、お化け屋敷をやめさせようとしたわけではありませんが、ほかの保護者が言

うとおり、「怖いものでなくする」というのは、ある意味「お化け屋敷をやめよう」というのと同じところもあります。

一方で、ほかの保護者や幼稚園の側は、「お化け屋敷に参加しない子もいる」という前提でイベントを企画すべきだったのでは、と思います。

この「お化け屋敷」は、ハロウィンイベントの出しもののひとつとして、プログラムの途中に組み込まれていました。すると、お化け屋敷に参加しない子どもは、そのコーナーのあいだ、ただ待っていなければなりません。

「参加しない子もいる」という前提であれば、そのあいだにその子どもはほかのことをしていられるよう、何か別の楽しみを用意するとか、あるいはお化け屋敷をイベントの最後にもってきて、参加しない子はさきに帰宅できるようにするなど、くふうができたはずです。そうすれば、ここまで対立が深まることはなかったでしょう。

Aさんも、ほかの保護者も、幼稚園の側も、みんな「なんでも全員で同じことをする」という考えに縛られすぎていたのではないでしょうか。「やりたい人はやる、やりたくない人はやらない」という発想に転換すれば、それで困ることはなかったのでは、と思います。

〝全否定合戦〟ではらちが明かない

これはもちろん、「お化け屋敷」にかぎった話ではありません。

たとえば、かつてはＰＴＡ活動の中心だった「クラス懇親会」についても同様です。最近は「やりたくない」という人も多いようですが、一方では「たのしみ、大好き」という人もいるものです。そういう人が、「やりたくない人」まで無理やり参加させるのは大問題ですが（じっさいには、これがよくあるのですが……）、逆に「やりたくない人」が「懇親会をなくせ」と言って、「やりたい人」にやらせないのも同じことでしょう。

考えが違っても、おたがいに認めあい、「やりたい人はやる、やりたくない人はやらない」とすれば、丸くおさまるはずです。

さらに言えば、「ＰＴＡそのもの」についても同じです。ＰＴＡ活動に熱心な人は「全員でやらなくちゃダメ！」と言い（これがまた、よくあるのですが！）、やりたくない人は「ＰＴＡなど、なくしてしまえ！」と言い、〝全否定合戦〟になりがちですが、どちらも同じくらい極端でしょう。これも、ただ「やりたい人はやる、やりたくない人はやらない」とすれば、それですむはずです。

もちろん、世の中には〝納税の義務〟のように「いやでも、みんながやらなければならないこと」はあります。でも、ＰＴＡはそういうものではありません。そんな〝法的根拠〟もありません。

逆に、たとえば、昨今話題となった運動会の「巨大組体操」のように、大けがをするリスクが高かったりすれば、「たとえ、やりたい人がいても、やめなければならないこと」もあるでしょう。でもＰＴＡは、そういうものでもありません。

「全員で同じことをするべき」という呪縛

なお、こんなものわかりのよさそうなことを書いている筆者も、かつては「なんでも全員でやるべき」という考えに捉われていたことを告白します。

筆者がむかし通っていた高校の文化祭には「全員参加のステージ」というダンスコーナーがありました。これについて、一部の生徒から「やりたい人だけでやるかたちにしてほしい」という声が上がったとき「ワガママ！」と思ったのです。

いまふりかえれば、ダンスが苦手な人にとってはかなり苦痛なイベントだったと思うのですが、当時は「やりたくない」人の声を受け入れられませんでした。

なぜ受け入れられなかったか？　あらためて考えてみると、理由はとくになかったのです。たんに「自分がやりたかったから」「やりたい人のほうが多かったから」「毎年やってきたことだから」、〝全員でやるべき〟と思っていたのです。

でも、いま思えば、やりたい人だけがやるので、何も問題はありませんでした。

子どものころをふりかえると、学校ではいつも「全員が同じことをする」よう求められ、そこからはずれる子は「悪い子」とされていました。そのため、私もふくめ、みんな「なんでも全員で同じことをしなければならない」と思い込みがちなように思います。

でもじつは、全員が同じことをやらないと困るシーンなど、じっさいにはそうそうありません。これからの時代はむしろ、「全員で同じことをする」という考えに縛られていることによる弊害のほうが大きいように思います。みんなそろそろ、発想の転換が必要な時期ではないでしょうか。

地元に知りあい、いますか？じつはオトクなＰＴＡ

「やってよかった」という人がいる理由

さて、一般に「時間をとられる」「何のためかわからない活動が多い」「無駄が多すぎる」などなど、悪評ばかり取り沙汰されるＰＴＡですが、そこまで人気がないのに、なぜ、なくならないのでしょうか？

「自動強制加入」と「前例踏襲」（＝惰性）で続いてきた面も大きいでしょうが、それだけではないように感じます。

やはりじつは、「やりたい人」がいるからだと思うのです。

会員全体からみると少数ではあるものの、ＰＴＡ活動にメリットを感じて活動している人も存在します。じっさいに、講演会などでお会いするＰＴＡの役員さんたちからは、以下のような声を、しばしば耳にします。

「最初は気が重かったけれど、いまではまわりの人たちとも仲良くなって、楽しいです。任期がなければ、ずっとやりたい」

「得るものがほんとうに大きかったと感じています。仕事もしていましたけれど、みんなでフォローしあって、気持ちよくやれました」

「子どもが３人、小学校に通っているあいだ、何度か委員や役員をやりました。いっしょにやる人にもよりますけど、私はやってよかったです」

「社会関係資本」が役に立つ

ＰＴＡ活動を好きな人は、ＰＴＡのどこに、メリットを感じているのでしょうか？

筆者が思うに、ＰＴＡ活動をするいちばんのメリットは、「人とのつながり」という財産を得られることではないかと思います。しかも、身近でリアルな、地元での人とのつながりです。

「人とのつながり」というのは、「社会関係資本（ソーシャル・キャピタル）」と言い換えてもいいでしょう。

PTAで得られる「人とのつながり」によって、具体的には、どんないいことがあるのでしょう？　たとえば、こんなことが考えられます。

オトク1　日々の情報が入る

まず、いろんな情報が入りやすくなる、というメリットがあります。しかも、同じ地区に住み、同じ学校に子どもを通わせている保護者から得られる情報というのは、より貴重です。

たとえば、子どもが進学する中学や高校の情報、習いごとやスポーツのチームに関する情報、学年が上がっても使うから早めに買っておいたほうがいいものの情報、近所で子どもウケのいい歯医者はどこか情報、子どもが失くした学校のお手紙の情報……などなど、ネットで検索しても、なかなかたどりつけるものではありません。

筆者も、PTAなどで知りあった保護者からこれらの情報を得て「聞いておいてよかった！」と思った経験は、いろいろあります。

オトク2　単純に楽しい

「孤立しているよりも、人とつながっていたほうが楽しい」というのは、シンプルに納得いただける点かと思います（もちろん、どんな人とつながるかにもよるのですが！）。筆者もPTAで知りあった人たちとおしゃべりをして、楽しいと思うことはよくあります。

PTAの話ではありませんが、以前筆者が取材した、東日本大震災の被災地で復興支援の活動をする藤沢烈さんが、こんなお話をされていました。

「震災が起きた後に人付き合いが減った人と、増えた人がいます。増えた人は『すごく復興が進んだ』と感じやすいのですが、人付き合いが少なくなった人たちは、『復興はぜんぜん進まない』と感じやすい。人とのつながりが弱い方は、地域の町並みが震災前に戻るほど『周りは自分を置いてどんどん先に行ってしまう』と感じ、孤独感を強めるのです。

町を元に戻すだけではなく、孤立感をもつ方のつながりを強めなければ、本当の意味での復興にならないのです」（東洋経済オンライン「人のつながり」が日本の課題を解決する藤沢烈と駒崎弘樹、「復興」を語る〈3〉より http://toyokeizai.net/articles/-/68923）

「人とつながっている」という感覚そのものが、その人のＱＯＬ（生活の質）を左右するということでしょう。

オトク3　何かあったとき安心

災害のときなど、近所に知りあいが多いというのは、やはり安心だと思います。

たとえば東日本大震災のときは、電車が止まり、電話やメールも通じなくなり、家族と連絡が取れずに不安を感じた人も多かったことでしょう。

筆者も当時、自宅から10キロほど離れた駅にいて、途方に暮れました。家族に歩いて帰ることを伝えたい、子どもや老親の無事を確認したいと思いましたが、手段がありません。

唯一つながっていたツイッターでそのことを発信すると、隣の隣くらいの学区に住む知りあいが、「家まで行ってきてあげようか？」と言ってくれました。とてもありがたかったのですが、けっして近所というほど近くの人ではなく、申し訳なくて、お願いはできませんでした。

その点、いまは、PTA活動などを通じて知りあった人が近所に何人もいる（震災当時の3倍はいます）ので、だいぶ安心です。

よく「時間はお金に換えられない」などと言いますが、「時給いくらで計算すると、何時間でいくら……」なんて計算をできないこともありません。でも、「人とのつながり」はほんとうに、お金に換算できないものでしょう。

もしかしたら、お金よりもずっと必要なものかもしれない。そういった感覚をもつ人は、震災以来、増えているのではないかと思います。

もちろん、人とのつながりはPTAでなければ得られないものではありません。ただ、現状でいちばん手っとりばやく、近所でそれを得られるのは、PTAかなとは思います（子どもがいる人にとっては、という限定つきですが）。

町内会は「60歳未満の若造に発言権ナシ」といった雰囲気のことが多く、現役世代が「人とのつながり」を得られるような場には、なかなかなっていないようです。

デメリットを減らしてメリットを享受しやすくする

しかし、こういったPTA活動のメリットは、一般保護者にとって、ひじょうに目に入りにくいものです。なぜそうなるのか？　理由のひとつは、やはり「時間をとられる」「活動の目的がわからない」といったデメリットが大きいからでしょう。

それから、「やりたいかどうかを聞かれないから」というのも大きな要因と考えられます。もし最初に「PTAやる？　やらない？」と聞かれていれば、「はて、PTAに入るとどんなメリット、デメリットがあるかな？」と考えて、メリットに気づきようがあるのですが、自動的に入会するのでは、そこに気づく機会がありません。「やらされる」という被害者意識から、デメリットしか目に入らなくなるのは、しかたがないでしょう。

ただし、これらのデメリットは減らしていくことが可能です。PTAから切り離せないものでは、けっしてないはずです。PTAをもっと、デメリットが少なく、メリットを享受しやすいものにしていけたら、いまとはだいぶ見方が変わると思うのですが。

「役員決め＝地獄の根くらべ」の思い込み

悪印象ナンバー1！　役員の押しつけあい

ＰＴＡが世間でもっとも話題になるのは、「4月の保護者会でのクラス役員決め」の時期でしょうか。

ちなみに、ＰＴＡの「役員決め」には、じつはふたつ種類があります。ひとつはいま書いたような、春に各教室でおこなわれる「クラス役員決め」。もうひとつは、12～2月ごろにＰＴＡ全体の役員を決める「本部役員決め」です。

前者は正確に言うと「委員決め」なのですが、「役員決め」という呼び方が定着しています。そのため、「本部役員決め」とごっちゃに語られることがひじょうに多いのですが、両者はまったく別モノですので、ご注意ください。

「本部役員」というのは、会長・副会長・書記・会計など、PTA全体をとりまとめる役職の人たちです。委員長や学年長をやった人から選ばれることが多いので（父親の場合はそうではなく、いきなり副会長や会長になるのが慣例です）、一般の保護者にはじっさいのところ、それほど接点がありません。

これに対して「委員」は定員が断然多く、「各クラスからかならず何人出す」と決められているため、ほぼ全保護者が当たる可能性があります。しかも近年は、1クラスの児童・生徒数とともに保護者の数も減っており、そのなかからむかしと同じ、あるいはそれ以上の人数の委員を選ぶため、各保護者が委員になる確率は、かなり高くなっています。

なお「委員」には、たとえば保護者向けの講演会などを企画・主催する「文化委員」、広報紙を発行する「広報委員」、本部役員を選出する「選考委員」などがあり、各クラスから1～数名ずつ選出されます（委員の名称や種類、数、仕事内容はPTAによって異なります）。

さて、この「クラス役員決め」がいかにおそろしいものであるかは、これまでさんざん語られてきました。引き受ける人が少なく、陰湿な空気になりがちだからです。

たとえば、よくあるのはこんな光景です。

○全員が下を向いて押し黙り、沈黙が長く続く
○「(介護や病気など)こういう事情があるので、委員をやれません」という、不幸の告白大会が始まる
○高学年になると、まだ委員をやっていない人が糾弾され、委員を押しつけられる
○高学年で委員を引き受けないですむよう、低学年で委員の奪いあいが起きる
○じゃんけんやくじ引きで強引に委員を押しつけられた人が、泣きだす
○こういった場を嫌い、4月の保護者会自体を休む保護者も多いため、先生と保護者の顔合わせができない
○なかには欠席裁判で委員を決めるPTAもあり、その場合は、みんな仕事を休んで、必死の形相で集まってくる、などなど

こういった話を聞いて「ＰＴＡコワイ！　ぜったいかかわりたくない！」と思う人は多いことでしょう。

活動経験者の８割近くが「いい印象だった」と回答

でも、ちょっとお待ちください。そんなに怖がらないでほしいのです。

たしかに、こういった話は、じっさいにわりとよく聞きます。とはいえ、全国に何万とある全ＰＴＡの全教室において、こういった押しつけあいが起きているわけではありません。

筆者は多くのＰＴＡを取材してきましたが、「うちのＰＴＡは、わりと委員に手が挙がります」という声もありますし、さきほども書いたように、じっさいにＰＴＡ活動をやってみると「人とのつながり」を得られるなど、楽しいことやいいこともいろいろあるのです。多くの場合、みなさんが思うほど、おそろしいものではありません。

こんな調査結果があります。ある雑誌で、ＰＴＡ活動経験者にアンケートをとったところ、「やるまえのイメージと変化があったか」という問いに対し、８割近い人が「思ったよりも、いい印象だった（63％）」「思ったとおり、いい印象だった（13％）」と答えました。これはつまり、「PTAは実物以上に恐れられている」ということでしょう。

いまは、「PTA＝恐ろしいもの」というイメージが強すぎるために、委員のなり手が出てきづらく、そのため押しつけあいが強化され、さらにイメージが悪くなる……、という負のスパイラルに陥っているところが多分にあります。

ですから、あまり恐れすぎずに、自分から手を挙げてもらえたらと思うのです。

だれかが変えなければ、状況は改善しない

もうひとつ大事なことは、ただPTAの仕事を避けているだけでは、この状況はずっと変わらないということです。押しつけあいが起きないようにPTAを変えるためには、結局、だれかが手を動かさなければなりません。

ですから、もし多少余力がある方はぜひ、PTAのなかに入って、「押しつけあわないですむPTA」に変えていってもらえたら、と思うのです。

PTA改革の成功例として知られる大田区立嶺町小学校PTO元団長の山本浩資さん

は、こんなふうに語っていました。

「大人たちがいやいやPTA活動をしている姿を、子どもたちに見せつづけていいのか？　そうじゃないかたちを、ぼくたちがつくらなきゃいけない」

ほんとうに、そのとおりだと思います。文句を言うばかりで自分では何もしない大人たちを見て、子どもたちは何を学ぶでしょうか？　PTAを「このままではよくない」と思うなら、自分で変える。大人のそういう姿を、これからの社会を担う子どもたちに見せていったほうがよいと思うのです。

「委員長選び」という第2ラウンド

クラス役員を引き受け、もし余力がありそうなら、ぜひもう一歩踏み込んで「委員長」や「副委員長」にも挑戦してみてはいかがでしょうか。

見落とされがちな部分ですが、クラス役員を決めたあとには「委員長（副委員長）選び」という第2ラウンドが待ち受けています。これがまたなかなか決まらず、時間がかかるのですが。

はじめての委員会でいきなり委員長になるのはちょっと難しいかもしれませんが、二度目以降の委員であれば、委員長はおすすめのポジションです。

集まる日時など、自分の都合を考えて決められますし（もちろん、その日時にほかの委員さんを強制的に集めるのはＮＧですが！）、活動のやり方や内容に「おかしい」と思う点があれば意見を言ったり、変えたりしやすい立場です。

また、みずから中心に立つと、自然と「やらされ感」がなくなり、「自分の意思でやっている」という感覚になるので、活動を楽しみやすくなります。

ＰＴＡによっては、委員長だけ前年度のうちに内定している場合もありますが（このかたちにもメリット・デメリット両方あるのですが……）、その場合は来年度、またトライしてもらえたらと思います。

ＰＴＡはたしかに問題点も多いのですが、それを「改善すること自体を楽しむ」のもおすすめです。委員長になってもならなくても、これまでの問題点を何かひとつでも変えられたら、「いいことしたな！」と自分をほめてあげてください。

一年間、あるいはもっと、ぜひ楽しんでＰＴＡ活動をしてもらえることを祈っています。

突破口になるか？ お父さんのPTA参加

小学校ＰＴＡにお父さんが来ない理由

なんで、こんなに、母親ばかり？　子どもが保育園から小学校に上がったとき、筆者はショックを受けました。

保育園の保護者の集まりには、半分とまではいきませんが、父親もそこそこ参加していました。ところが小学校に入ったとたん、保護者会も、ＰＴＡも、ひたすらお母さんばかり。お父さんはＰＴＡ会長さんくらいしか見かけません。

その後、多少は父親の姿も見かけるようになってきましたが、それでも「いた！　お父さんだ！」といちいち記憶できるようなレベルです。

ＰＴＡに父親が参加しづらい理由として挙げられる、もっともスタンダードなものは、「平日・日中に活動していること」かと思います。これだとお勤めのお父さんが参加しづらいのはもちろんのこと、自営やフリー、主夫のお父さんなども参加しづらい、という声もあります。平日の日中はもともとお母さんを前提としすぎていて、たとえ時間の都合があったとしても、お父さんたちにとって入りづらいようです。

筆者はつねづね、お父さんたちも、もっとたくさん4月の保護者会に参加して、委員に立候補してもらえたら、と願っています。これまでは「会長（および次期会長候補の副会長）はお父さん、ほかの役職や、実働を担う委員はお母さん」という不文律を守るＰＴＡが多かったですが、もうそんなことを言っている時代ではないでしょう。

父親にも「ノンキャリ」の選択肢を

筆者の友人で、ＮＰＯ法人ファザーリング・ジャパンの理事を務める村上誠さんは、ＰＴＡにおけるこのような性別役割分業の固定化をなくそう、と唱えています。

村上さんはＰＴＡで「副会長＆会長」だけをやる父親を「キャリア組」、母親たちと同様に一般の委員から入り、会長までやる父親を「ノンキャリ」と呼びます。おもしろいネーミングですね。

「イクメンとかカジダンとか、家事・育児をやる父親はだいぶ増えてきましたけれど、PTAはまだまだ母親に負担が偏っています。『女性が輝く社会を』というのであれば、PTA活動も父親がシェアして、〝PTAジェンダー〟(性別ごとに社会的に求められる役割)をなくしていかないとダメでしょう。これからは〝ノンキャリ〟の父親が増えるべきだと思います」(村上さん)

筆者もこの意見に賛成です。「キャリア組」で活動してくれるお父さんも、もちろんとてもありがたい存在なのですが、そもそもPTAの役職を男女で区分する必要はないでしょう。

父親自身にとっても、選択肢が増えるのはいいことと思います。いま「PTAにかかわってみたい」と思っている父親はけっこう増えていると感じますが、男性用の席が「会長&副会長」だけでは少なすぎて(ふたつですよ!)、「席が埋まっていて、入れなかった」という声は、じっさいしばしば聞きます。また、「会長・副会長は仕事が多すぎて引き受けられないけれど、保護者どうしのつながりはちょっとほしい」と思っているお父さんたちのためにも、もっと門戸が開かれる必要があると思います。

「空気を読まないひと言」の効用

お母さんばかりのPTAに入っていくのは気が進まない、というお父さんもいるでしょう。入ったものの、母親たちの楽しそうなおしゃべりの輪に入れてもらえず、疎外感を感じる人もいるかもしれません。でもどうか、めげないでください。

たしかに、お母さんどうしのコミュニケーションは、お父さんどうしのそれとはだいぶ異なるので、やりづらさを感じることはあると思います。

筆者も数年前、お父さんたちがやっているNPOに入ったのですが、最初のうちは男性どうしのやりとりに慣れなくて、「これはもしや、ケンカを売られているのかな？」と思い悩むこともありました。でもその後だんだんと、父親どうしはただ率直な物言いをする（ことが多い）のだとわかってきて、一年も経つとだいぶ慣れました。

ですからお父さんたちも、PTAに入ったばかりのときは「なんだ、これは!?」と感じるかもしれませんが、たぶんじきに慣れます。ちょっと耐えてみてください。

そしてもし、活動のなかで「これはおかしいのでは」「無駄じゃないか」という部分を見つけたら、ぜひ「こんなふうに変えてはどうですか」と、具体的に提案してもらえたらと思います。

ほかの日本的組織と同様に、ＰＴＡは同調圧力が強く働く世界なので、母親は「これはおかしいのでは？」と思っても言いだしづらいところがあります。その点、父親はＰＴＡにおいて「異質な存在」なので、比較的自由に発言できる傾向があるのです。

ただし、お父さんが何か新しいことを提案するさいは、伝え方にご注意を。「そんなの無駄！」など、いままでのやり方を全否定する言い方をしてしまうと、反感を買うので気をつけましょう（お母さんが新しいことを提案する場合も、もちろん同様です）。とくに、信頼関係が築かれていないうちに強く意見しすぎると、危険人物視されて、提案内容にかかわらず拒否されがちです。会社におけるコミュニケーション作法はＰＴＡでは通用しないので、ご注意ください。

どんな場においても、これまでのやり方に異をとなえるときは、多かれ少なかれあつれきが生じるものですが、なるべく安全にいけるよう、祈っています。

女性会長はなぜ少ない？
じわじわとPTAを変えるてぃーこさんにインタビュー

3年前、筆者がWeb上で、〝PTA活動をラクにたのしくするためのアンケート〟をおこなったとき、たくさんの具体的&実用的なアイデアを出してくれたてぃーこさん。当時は都内の公立小学校のPTA副会長でしたが、来年度からは公立中学校のPTA会長をやるそう。「女性会長は、なぜ少ない？」「どうして入会申込書を配布したんですか？」などを中心に、お話を聞かせてもらいました。（2016年3月に取材）

夜の会議が多いと育児のメイン担当者にはツライ

大塚　てぃーこさんが今回、ＰＴＡ会長を引き受けた経緯を教えてもらえますか？

てぃーこ　いま中1と小1の子がいるんですが、上の子が小学校3・4年のときに副会長をやったんです。このときに会長だった方が中学でも会長をされていて、その方から今年度の副会長を頼まれて、お引き受けしました。

それがほかの役員さんたちには、最初から「次期会長（枠の副会長）」という話で伝わっていたらしく（苦笑）。最初はお断りしていたんですけれど、よくよく状況を考えてお引き受けしました。

大塚　まだまだ女性のPTA会長さんは少ないですよね。「会長は男性」という不文律があるところも、いまだにけっこうあります。

てぃーこ　今年度、この地区の中学校12校のなかでは女性の会長さんが2名でした。それぐらいの割合ですね。うちの中学のPTAでまえに女性会長をされた方は、その後たまたま区議さんになられたので、女性で会長をやるのは大きな志がある方、みたいな印象もありました（笑）。それで断っていたところもあります。

大塚　女性会長が少なすぎて、それぐらい「特別なこと」というイメージだったんですね。断っていた理由は、ほかにもありますか？

てぃーこ　会長は、どうしても夜の集まりが多いんですよ。合計月6回くらい、下の小1の子を家において、夜に出かけなければなりません。

まず校内の役員会、実行委員会（運営委員会）、この地区の中P（中学校PTA）会長の集まり、区全体の中P会長の集まり、さらに青少年対策委員会という地域の集まりの全体会と、それぞれが担当する部の会議があるんです。校外の会議は、そのあと懇親会があることも多いです。

大塚　忙しいですね。副会長さんと交代で出席、というくらいではダメなんですか？

てぃーこ　私はやっぱり「顔を合わせる場には、なるべく同じ人が行ったほうがいい」という考えなんです。だから、そこはわりきりました。会議のときは、下の子はお兄ちゃんが帰ってくるまで、30分だけお留守番になります。

大塚　いっしょに会議に連れていくのは、まずいですか？

てぃーこ　校内の会議は連れていっていましたね。校外の会議に子どもを連れてくる人はいませんけれど……、一回くらい連れてってやろうかしら（笑）。

大塚　やっぱり、夜お父さんが帰るまでは子どもを見るのがお母さんひとり、というおうちが多いから、母親は会長を引き受けづらいんですかね。

男社会の慣習と、女性のなかにある呪縛

てぃーこ　あとは、小学校のPTA副会長だったときに行った、会長さんの集まりのイメージが悪かった、というのもあります。4年くらいまえに、新年会に呼んでいただいた

んですが、「ちょっと、こっち来て飲みなよ」とか「副会長（女性）をあいだに挟もうよ」みたいな感じだったので（苦笑）。

大塚　ああ、それはダメだ……。でも最近は、そういうタイプの人はだいぶ減っていませんか？　いま、だいぶＰＴＡの世代交代が進んでいますよね。

てぃーこ　そうですね、このときは十年くらい会長をやっている人が多かったんですが、その後みなさん卒業なさって、いまはうちの小学校区も、さわやかな感じの若いイクメンパパが増えてきました。

大塚　それにしても、女性の会長さんがこんなに少ないのはなぜなんでしょう。

われわれの世代ってまだ、女が前に出ることが悪く見られがちでしたよね。いまは完全に死語ですけれど、「目立とう精神」とか「いい子ぶりっ子」なんて言われていた（笑）。そういう呪縛を引きずっているお母さんも多いのかな、という気がします。

てぃーこ　ありますね。私が会長を断ったとき、すごく一生懸命やってくださっているベテランの女性副会長さんがいて、その方に「（会長）どうですか」って言ったんですけれど、やっぱりどうしても受けてくださりませんでした。

大塚　よく「好きでやってる」と言われるのがつらい、という声を女性役員さんから聞きますが、そういうのはありますか？

てぃーこ　その言葉はひっかかりますね。好きでやってるというか、黙っていられなくなっちゃうんですよ。だれかがつらい思いをしながらやっていたりすると、「そういうのは、ちょっと違うんじゃないですか？」と言っちゃうタイプなので。一会員としてそれを言うよりも、自分が責任のあるところにいって、「違いますよね」と話したほうが、みんなのためにもいいのかなと思って。

大塚　素敵ですね。それを「好きでやってる」と言われちゃうと、モヤッとする。

ていーこ　そうなんです。「そうだね、好きかもしれないね」とは思うんですけれど（苦笑）。

「乞われてやる」男性会長、「叩き上げ」の女性会長

大塚　男性会長と女性会長のいちばんの違いって、なんでしょうかね？

ていーこ　男性はやっぱり、「一本釣り」（指名）でいきなり会長になる方が多いですよね。女の会長さんはみんな下から、一般の委員から経験している「叩き上げ」（笑）。

大塚　ＰＴＡは、男女の役割があまりにも非対称ですよね。これだけ取材してきても、いまだにショックを受けてしまいます（苦笑）。

ていーこ　そんなふうだから、男性の会長さんは「乞われてやっている」というイメージですよね。「やってください」とお願いされて、やっている。

ほかの役員さんたち（女性）は、「会長が来てくれれば、あとは私たちが何でもやりますから」みたいな感じ。自分ができないことをやってくれるから、この人がGOサインを出せばつき従っていく、というところがあるのかなと思います。

大塚　なるほど、だから男性会長さんのほうが、改革をやりやすい傾向があるのかもしれませんね。じっさいに改革をされた会長さんたちに話を聞くと、だいたいみなさん女性役員さんたちと激しくぶつかられていますけれど（笑）、やっぱり「頼まれて会長になった」という基盤があるから、提案・実現しやすかったところはある気がします。

てぃーこ　ちなみにうちのPTA本部はいつも、会長以外の役員はぜんぶ女性なんです。だから来年度は、男性の役員さんをぜったいに増やそうと思っています。

ＰＴＡ会長が出る外の会議って、けっこうおもしろいというか、重要なことを話しているんですよ。組体操や部活など教育に関する旬なテーマを討議することもあれば、「あのコンビニの前にいつも中学生がたむろしている」といった、お手紙には書けないような情報交換もありますし、関心のある人はすごくいると思うんです。

大塚　お母さんでもお父さんでも、時間さえあれば、そういう場に出てみたいという人は多いんじゃないですかね。一方で、「校外の集まりは無駄なものが多い」という声もわりとよく聞きますが、それはてぃーこさんのところでは、いかがですか？

てぃーこ　地区のイベントが多すぎる、というのは思います。それは来年度、「ちょっと、多くない？」と言っていくつもりです。

加入申込書を配っても、よほどやめたい人しかやめない

大塚　来年度、会長としていちばんやりたいことはなんですか？

ていーこ　これはもうほぼ決まっているんですけれど、加入申込に該当する書類を配ります。今年度すでに1年生の親には配っていて、これを来年度は1〜3年まで全学年に配る予定です。

小学校のＰＴＡでは数年前、校長先生がＰＴＡに名簿を渡さなくなったので、ＰＴＡが申込書を配るようになったんですが、中学のＰＴＡでも同様に、「提出をもって入会を受けたまわります」という一文が入った紙を配るようにしたんです。

大塚　おおっ。それって校長先生が言い出してくれないと、なかなか難しいことではないですか？

ていーこ　みんな足踏みしますよね。「そんなことしたら（申込書を配ったら）、だれも入ってこなくなっちゃう」ということは、ベテランの副会長さんにも言われました（笑）。

大塚　そこを、どうやって？

ていーこ　「え〜じゃあさ、〇〇さん、それでやめちゃうの？」って聞いたら「やめない

けど？」って言うから、「ほらねそうでしょ？」って（笑）。「やめるのにも勇気がいるから、よっぽどやめたいと思う人じゃないかぎりやるよ、だいじょうぶだよ」と話しました。

わざわざ「任意加入です」というふうには手紙に書かないけれど、「この住所と電話番号を使わせてもらいます」という情報はPTAで集めないといけないから、今年からそうさせてもらうよ、と話して、納得してもらいました。

大塚　現実的な説得力……！（笑）。

てぃーこ　それに毎年4月って、学校からいろんなお手紙が配られて、住所や名前をいっぱい書くじゃないですか。それにPTAの申込書も紛れていれば、みんな自然と住所と氏名を書いて出してくれるよ、と言って。やってみたら、じっさいそんな感じだったので、「ほんとだ、だいじょうぶだね」となりました（笑）。

学校の名簿を流用したためトラブル発生

大塚　そもそも、てぃーこさんはどうして「入会申込を配らねば」と思ったんですか？そうしなければいけないとわかってはいても、なかなかやらないPTAや学校がまだまだ多いじゃないですか。

てぃーこ　私ね、小学校で副会長をやったときに、PTAに入っていない方からめっちゃ怒られたことがあるんですよ。

そのとき全校で5人くらい非会員の方がいたんですけれど、あるとき学年委員さんがパトロールの当番表に、うっかりまちがえて、非会員の方の電話番号とお名前を載せてしまったんです。それでお怒りの電話がかかってきて、「副会長さん、対応してもらえますか?」と頼まれたの。

大塚 ひゃ〜、それは。

てぃーこ 「うちはそういった個人情報を、学校の名簿(連絡網)にも載せていないのに、これでみんなに知れわたっちゃったじゃない。どうしてくれるの?」と言われて、それはもう、お怒りごもっともです、と思いました(苦笑)。だから「ごめんなさい」と謝って、最終的には許していただけたんですけれど。

その翌年度から、学校がPTAに名簿を出さないことを決めて、PTAで加入申込書を配るようになったんです。

大塚 なるほど。それはまさに、学校の名簿をPTAに無断流用したせいで起きたトラブルですね。もし訴えられていたら、どうなっていたか。てぃーこさんはこの一件で、PTAが学校から名簿をもらうことの危険性を、肌身で感じられたんですね。

ちなみに、中学で入会申込を配ることを提案したとき、さっきのベテランの副会長さん以外からは、反対はなかったんですか?

てぃーこ　最初は、担当の先生もちょっといやがっていたんです。給食費とPTA会費の回収をいっしょにチェックできたほうがラクだというので。

でも、「小学校のとき、じっさいにこういうトラブルがあったので、PTAとは分けます」と言いきりました。「トラブルがあったとき、対応していただけるんですか？」と聞いたら、「わかりました」って（笑）。

大塚　そうですよね、名簿トラブルでだれよりも困るのは、学校や校長先生でしょう。

みんな、意味を考えて活動するようになった

大塚　どうして、てぃーこさんは、そんなふうにPTAをじわじわと変えることができたんですかね？　何か心がけてきたことはありますか？

てぃーこ　副会長をやっていた一年間、あらゆるところで「それ、めんどくさくない？」とか、「やりたいの、それ？」とか、「意味あるの？」ということを、問いつづけてきました。そうしたら、みんなだいぶ変わってきましたね。なんでも意味を考えてやるようになって、「変えられるところは変えなくちゃね」という雰囲気になってきました。

大塚　みんな、活動の意味や目的を考える習慣ができたんですね。

てぃーこ　でも一方で、「これはずっとやってきたことだから、変えられないよ」とか、

「（それをやめるのは）ダメだよ」ということは、私も言われつづけてきましたよね。そういうときはこちらもゴネずに、「そっか、しょうがないか。準備したんだもんね」と引きさがります。私も「ぜったい、こう変えよう」というふうには思わないので。

なかには、こんなふうに笑って話せないような、ぎりぎりのことだってありましたよ。「それはてぃーこさんの考え方だから」とか「それは、そっちの小学校のやり方だよね」とか言われることもある。そういうときは、「あぁそうか、なるほどなぁ」って。

大塚　そういうときは、折れるんですね。

てぃーこ　うん、折れてばっかりです（苦笑）。

大塚　それでも、言い続けてこられた秘訣は？

てぃーこ　なんだろう。めんどくさがりやだから、ですかね（笑）。

大塚　ああ、たしかに、めんどくさがらない人だとぜんぶそのままやっちゃうから、何も変わらないですね（笑）。

てぃーこ　そうそう、まえよりていねいになったりすることも、たまにあります（笑）。

めんどうでも、はしょってはいけないところ

大塚　ＰＴＡの運営で悩むことって、何かありますか？

てぃーこ　「めんどくさいけれど切ってはいけない、必要な仕事」ってあるじゃないですか。そういうのが、どうやったらつぎの役員さんに伝わるのかな？　というところです。

たとえば小学校のＰＴＡのとき、本部役員の活動内容を細かく資料にして配布して、ていねいに声がけをしたら、その年はぜんぶ立候補で決まったんです。でもつぎの年の人は、そこをいっさい省いちゃったから、またクジで決めるかたちにもどっちゃった（苦笑）。

大塚　あぁ〜。めんどうなことはできるだけなくしたいですけれど、でもやっぱりみんなが気持ちよく活動していくためには、「めんどくさくても、やらなきゃいけないこと」はありますよね。はしょってはいけない部分がある。

てぃーこ　そういうのって、どうやったら伝わるんでしょうね？　あとの人のやり方には口出ししないって決めているので、言わないんですけれど（苦笑）。

大塚　ＰＴＡでは代々、そういうせめぎあいが続いていくんでしょうかね。この本を読んだ方には、どうか、そこが伝わりますように！

Part 2
ヨソのPTAでは どうやってるの？

「ポイント制」の罠にご用心

ポイントが溜まっていない人への罰則

前半でＰＴＡが嫌われる理由をいろいろ指摘してきましたが、もっと単純なところにも要因はあると思います。それは〝「ＰＴＡ＝いやなもの」と意味づけされすぎている〟ということです。

またもや鶏と卵のような話ですが、ＰＴＡはいやなものという前提が強すぎるため、ますますいやなものと思われるという悪循環が起きているのです。

たとえば、「ポイント制」というものをご存じでしょうか。これはクラス役員（委員）を決めるさいに使うルールの一種で、近年、全国のＰＴＡのあいだで少しずつ広まっているものです。

ほとんどの小学校のPTAでは、「子どもが学校にいる6年のあいだに、かならず一度はクラス役員をやりましょう」という不文律がありますが、それでも一度も委員をやらないまま卒業する（「逃げきる」という表現がしばしばもちいられます）保護者はいるものです。一方では、一部の保護者が何度も委員を引き受けるため、「それでは不公平だ！」ということで、すべての家庭が「平等に」負担を負うべく編み出されたのが、このシステム。

各保護者は、過去に引き受けた仕事を「ポイント」として記録していきます。たとえば、委員は2ポイント、係は1ポイント、本部役員は5ポイント、などといったように、PTAの各仕事について、配点があらかじめ決まっています。

高学年になると、毎春恒例「クラス役員決め」のさいに、この記録が参照されます。ポイントが溜まっている人は委員を免除され、逆にポイントが溜まっていない人には自動的に（強制的に）委員が割り振られる、というしくみです。

ふつう「ポイント制」といったら、お買いものをするとポイントが溜まっていき、「何点分で、いくらの商品と交換できる」といったような、「ご褒美」がもらえるシステムを想像すると思いますが、PTAの「ポイント制」はそうではありません。「ご褒美」ではなく、ポイントを溜めない人への「お仕置き（罰則）」として使われるのです。

だからほんとうはちっともポイント制ではないと思うのですが、これを「ポイント制」と楽しげに命名したのが——どなたかは知りませんが——巧みなところだと感心させられます。

「いやなイメージを強化する」というデメリット

ポイント制も、いっけん「悪くない」かもしれません。筆者もじつは、はじめてこれを聞いたとき、そう思いました。

たしかにこのシステムにも、メリットはあるでしょう。

一部の人ばかりに負担が偏ることを避けられるので、「私はやったのに、あの人はやらなくてズルイ！」という、すでに役員をやった人の〝モヤモヤ感〟を減らせるからです。人間ですから、こういった気持ちはだれにでもあるもの。ですから、これもひとつのメリットではあると思います。

あとは、クラス役員決めの時間を短縮できるという利点もあるでしょう。ポイント制を導入するまでは、「だれかやる人いませんか？」と言って、みんなでうつむいて押し黙っていたあの時間を、ポイントを参照することで、早く切り上げられるのです。いまの保護者は忙しいですから、みんな早く帰れるなら帰りたいと思っています。短時間ですむなら、それにこしたことはありません。

けれど、ちょっと考えてみてほしいのです。

仕事を平等に負担することは、PTAの本来の目的ではありません。メリットもありますが、そのためにポイント制という〝罰則〟を使えば、「PTA＝いやなもの」という意味づけが強化され、その結果、ますますPTAが嫌われてしまうことにつながっていきます。

「プチご褒美」でプラスのイメージに？

世の中には、PTA活動を楽しんでいる人だって、意外といるものです。

マスコミは「PTAがいかに嫌われているか」といった話ばかりとりあげるので、そんな人が存在するとは信じがたいかもしれませんが、ＰＴＡの経験者に取材をしていると、そういう人も思ったよりたくさんいることに気づきます（会員全体のなかでの比率は確実に低いのですが）。

さきに書いたように、ＰＴＡ活動をすると、「人とのつながり」を得られるなど、いいこともけっこうあるからです。

ところが、「ＰＴＡ＝いやなもの」という意味づけが強化されすぎてしまうと、せっかく楽しんでやっていた人も、やりづらくなってしまいます。「変わり者」呼ばわりされるため、「ＰＴＡ活動をやりたい」と言いだしにくくなってしまうのです。これは、ひじょうにもったいないことだと思います。

そういった弊害も考えると、「平等な負担」を求めて〝負の意味づけ〟を強化するポイント制は、やはりやめたほうがいいと感じます。

いっそ、逆の発想で、「ご褒美式」のポイント制にしてもいいかもしれません。「ＰＴＡ活動をやらないと、罰が与えられる」のではなく、「活動をやると、いいことがある」というプラスの意味づけに変えてしまうのです。たとえば、ポイントを貯めた人に「運動会や卒業式でちょっといい席に座れる」などといった「プチご褒美」を用意するのはどうでしょうか（ご褒美をあまり大きくすると、今度は妬みの声が上がります）。「罰則」も「ご褒美」も、〝自発性にもとづく〟というボランティア本来の意味からは、あまりよろしくありませんが、少なくとも「罰則」よりは「ご褒美」のほうが、「PTA＝いやなもの」という意味づけがされないぶん、マシだと思うのです。

「PTA＝いやなもの」という思い込みを捨ててみる

ポイント制だけではありません。PTAは全般に、「自分からやりたい人は存在しないもの（嫌われているもの）」という前提が強すぎます。

たとえば、クラス役員（委員）の人数。ほとんどのPTAでは「1クラスからかならず1名」などと人数がかっちり決まっていますが、個別に話を聞いてみると「仲のいい○○さんといっしょなら、やってもいい」という人はけっこういるものです。

ですから、委員の人数枠を「1～3人」、もしくは「1人以上」などと幅をもたせたら決まりやすくなった、という話はわりとよく聞きます。

また一般的に、ひとりの保護者はひとつの委員をやることになっていますが、なかには「かけもちでやってもいい」という人もいるかもしれません、というか、まれにいるものです。周囲の人には「同じ人ばかりに負担がいくのは、かわいそう！」と思われるかもしれませんが、もし本人が望んでいるのであれば、それは負担ではないのです。じっさいにやる人がいるかどうかはわからなくても、「かけもちもＯＫ」としておくだけでも、「ＰＴＡ＝いやなもの」という意味づけが薄められて、イメージが変わるかもしれません。

さらにいうと、加入方法についても、同様です。「ＰＴＡが任意加入であるとわかったら、だれもやる人がいなくなってしまう」ということを恐れて、自動強制加入を続けているＰＴＡは多いものですが、むしろその前提こそが「ＰＴＡ＝いやなもの（だれもやりたがらないもの）」という意味づけに加担していると思うのです。「ＰＴＡ＝楽しいもの（自分からやりたい人は存在する）」という前提で、いまのシステム全体を見直し、つくりかえていってはどうでしょうか。

パソコンできる人・できない人問題

広報委員はモヤモヤしている

「パソコンが使える私たちにばかり、仕事がまわってくるんです。パソコンを使えない人は何もしないですむのに……、おかしいですよね？（モヤモヤモヤ）」

これはPTA活動における「あるある」な悩みのひとつです。仮に「パソコン業務集中問題」と呼びましょう。

いまの保護者世代で、パソコンを使えない人はあまりいないのでは？　と思われるかもしれません。しかし、じっさいにPTAに足を踏み入れてみるとわかるでしょう。多くの母親たちが日常的に使うのは携帯やスマートフォンであり、パソコンをしょっちゅう使う人ばかりではありません。「パソコン業務集中問題」は、けっしてめずらしいものではないのです。

この悩みをもっともよく耳にするのが、「広報委員」の活動においてです。

多くのPTAの広報委員会では、年に数回、広報紙（PTA新聞）を発行しています。ひとむかしまえまでは、印刷所に手書きの原稿を渡せば対応してもらえたのですが、結局あとで印刷所の人が文字を打ち込みなおすので、最近は始めからパソコンで原稿を打って、そのデータを印刷所に渡すやり方が主流になってきたのです。

すると、以下のような不満の声が噴出することに。

「広報委員の仕事は原稿書きだけではないんですよ。原稿チェックや、完成した広報紙を折る作業など、パソコンを使えない人でもやれることはあるんだけれど、『私、パソコンできないから』と言って、だんだん（委員会の）集まりにすら来なくなっちゃう。だから結局、ほとんどの作業をパソコンが使える人だけでやることになるんです」

「担当したぶんの原稿づくりが終わってホッとしていたら、パソコンをできない人の手書き原稿を打ち込む仕事がまわってきました。せっかく早く終わらせたのに……」

パソコンを使えない人にもモヤモヤが

広報委員だけではありません。PTA全体をとりまとめる本部役員の仕事や、そのほかの活動でも、「パソコン絡みのモヤモヤ」はつきものです。

たとえば、こんな声もありました。

「ある仕事でいっしょになった人から『パソコンを教えてほしい』と頼まれて引き受けたのですが、そもそもその人はパソコンを持っておらず、ファミレスで朝から4時間も拘束され、おしゃべりばかりでちっとも進まない……。一度で懲りました。最終的に、その人が担当する書類は手書きで発行してもらいました」（猫紫紺さん）

ですが、ストレスを溜めているのは、パソコンを使える人だけではありません。使えない人の側にも、モヤモヤ感はあるのです。

「何かやりたいとは思うけれど、できることがあまりないので申し訳なく感じています。けれど、そもそも私はジャンケンで負けて引き受けただけだから、パソコンができないことについて文句を言われても困る……！」

パソコンを使える人も、使えない人も、どちらもつらそうです。

その仕事、どうしてもパソコンがいりますか？

この「パソコン業務集中問題」、いったいどう解決すればよいのでしょうか。パソコンを使える人はしばしば「パソコンを使えない人が悪い」というふうに言いがちですが、これもある意味、一方的な話です。

仕事の偏りがまんできないのであれば、思いきって「手書きを前提」にしてはどうでしょうか。かならずしも、パソコンにこだわらなくてもいいのです。

たとえば広報紙は、手書きだって作成可能です。以前は手書きで入稿できたわけですから、いまだって印刷所に頼めば、打ち込みから対応してくれるはずです。多少は費用が上がるかもしれませんが、そこはわりきってもいいのでは。予算を大幅に超える場合は、発行をやめるか、発行回数を減らすことを考えてはどうでしょうか。

あるいはいっそ、「完全に手書きの広報紙」を発行するという手もあります。

じっさいに、ブロガー&漫画評論家の紙屋高雪さん（159ページ参照）は、PTA

の広報委員会で、通常の広報紙（印刷所に発注するもの）とは別に、「手書きの広報紙」を発行したそうです。

「内容は、先生たちに『小さいころは給食のメニューで何が好きだったか』とか『どんな教科が好きだったか』をアンケートして、いまの子どもたちの答えと比較するというものでした。公平にみて、こちらの手書きのほうがはるかにおもしろかったです」

ちなみにじつは、この手書き広報紙を作成したメンバー（広報委員30人中の5人）は全員パソコンを使える人だったそうですが、「それでもあえて手書きにする」という選択だってあるわけです。

202ページに紹介する漫画家「うめ」の小沢さんも、保育園の父母会で発行する新聞を「手書きの壁新聞」に変えて、みんなに感謝されたそうです。

書記の人がつくる議事録や、保護者へのお手紙だって、手書きでも十分に目的は果たせるでしょう。

都内の小学校でPTA書記を務めるreptaさんは、このように話します。

「お手紙は『読めればいい（内容が伝わればいい）』んです。去年のお手紙の一部を修正テープで消して、手書きで直して印刷したって、問題はないですよ。みんな『パソコンじゃないとダメだ』って思いすぎていますよね」

いっそ専門の役職をつくってしまう

あるいは逆転の発想で、「業務集中」をより徹底させて、「パソコン専門の役職をつくってしまう」という方法もいいかもしれません。

「たとえば、本部内に書記とは別に『パソコン係』をつくってもいいですよね。人前に出るのや文章作成は得意でないけれど、パソコンを使うような裏方作業ならやりますよ、と言ってくれる人は意外といるので、そういう人に打ち込みやレイアウトを集中して頼んでもいいのでは？　そうすればパソコンを使えない人でも書記になりやすくなります」（前出・書記のrepta さん）

じっさい、大田区立嶺町小学校ＰＴＯは、これと似たかたちをとっています。文書作成ではありませんが、ホームページの更新やメール配信などのパソコン作業をおこなう専門職（Ｗｅｂ管理人）を、ボランティア・センター（本部のような役割をする部署）のなかに設けているのだそうです。

このようなかたちなら、「自分たちばかりに負担が……」といったモヤモヤ感も生じないでしょう。

パソコンを使って「浮いた」っていいじゃない

ときどき、逆の悩みを耳にすることもあります。

パソコンを使わない人が多い「手書き優勢」の場で、パソコンを使ったら浮いてしまった、という話です。こんな声もありました。

「イベントの準備スケジュールや買い出し品を手書きでまとめていたので、パソコンを持ち込んで整理したら、周囲の人たちに引かれてしまった」

この方のアウェー感もわかるのですが、「引かれた」というていどであれば、気にしなくていいようにも思います。周囲の人たちだって、べつに責めているつもりはないでしょう。もしかしたら、本人が「引かれた」と思っているだけで、だれも気にしていない可能性もあります。

筆者自身も、先日似たような体験をしました。子どもが所属するスポーツチームの総会に、パソコンを持ち込んで議事録をつくっていたところ、周囲からたいへん浮きました。でも、だれかにそう指摘されたわけではないですし、「浮いた気がした」だけかもしれません。肝心の議事録は、手早くまとめられました。もし手書きでメモをとっていたら、あとで打ちなおして倍の時間がかかっていたと思います。

目的を果たせるのであれば、やり方はなんだっていいのです。手書きでもパソコンでも、フレキシブルに採用すればいいでしょう。

〝パソコン問題〟にかぎらず、PTAの仕事ではしばしば、「そんなに杓子定規に考えなくてもいいのでは……」と感じることがあります。もっと柔軟に、目的にあったやり方でできるといいのにな、と思います。

仕事のミスマッチが起こりやすい理由

なお、「パソコン業務集中問題」をひき起こす根本的な原因は、「それがどんな仕事か」「どういったことが得意な人に向いた仕事か」ということが考慮されないまま、仕事が割り振られてしまうことでしょう。

「頭数を揃えること」ばかりが優先されてしまうため、その人がやりたくなかろうが、得意でなかろうが、「とりあえずだれかに決めないといけない」から、決めてしまう。そのためPTAでは、じっさいに仕事がスタートしてから、こういった仕事と担当のミスマッチというトラブルが生じやすいのです。

ですから基本はやはり、「やりたい人だけでやる、もしやりたい人がいないならやらない」というかたちにすること。これがベストだと思います。そうすれば、「一部の人にだけ仕事が偏る」という状況は起こりえませんし、「何もやらない人はズルイ」という声も上がりません。

とくに広報紙は、「PTAのためのPTA活動」なので（子どものための活動とは言いがたいでしょう）、もしやりたい人がいないときは、無理に人数を集めてまでつくらなくてよいのではないでしょうか。

「ベルマークは勘弁して！」母たちの切実な叫び

昭和から変わらないアナログな寄付活動

当原稿は、Webのニュースサイト、「東洋経済オンライン」に掲載した「善意が生んだ不思議組織　PTAのナゾ」という連載記事をもとにしています。

この連載名のとおり、PTAというのはまさに〝善意が生んだナゾの活動〟だと思うのですが、その代表ともいえるのが「ベルマーク」活動です。ベルマークは、「PTA活動のなかで不要なものは何だと思いますか？」と経験者に尋ねたとき、もっともよく名前が挙がるもののひとつでもあります。

「えっ、ベルマークって、子どものころ学校でやっていた、あの〝ベルマーク〟？　まだやってるの⁉」と驚いた方もいるかもしれません。

ええ、そうなのです。むかしとくらべると参加校はだいぶ減りましたが、いまでもPTAではひっそりとベルマーク活動が続いています。

123ページにあるのは、ベルマークの購入資金の推移を表したグラフです。1985年をピークにいったん減少していますが、2006年以降はやや復活傾向にあります。

しかもやり方は、われわれの子ども時代からほぼ変わっていません。商品パッケージに印刷されたベルマークを集めて送ると、点数分（1点＝1円）の備品を学校に寄贈できるという、ひじょうに昭和でアナログなシステムです。

このベルマーク活動に、母親たちからは、しばしば〝悲鳴〟の声が上がります。

「ベルマークの仕分け作業のため、平日の日中に召集がかかるんです。『ぜったいに休んじゃダメ！』と言われるから、そのつど仕事を休んで参加しています。1円にも満たないマークもあるんですよ？　そんなものを切り貼りするために、有休を使うんですよ？『倍のお金を寄付するから勘弁して！』って、心の底から思います」

「30人で半日作業して、たった3〜4千円分ですから、かかる労力に対して成果が小さすぎますよね。まえもって日にちがわかればパートの日はずらせますけど、『この時間にどんだけ稼げるよ』っていつも思う……」

「やり方が古すぎます。一刻も早くなくしてほしい！」

なお、ベルマーク活動を担っているのは99％が母親です。過去、筆者が取材したなかで、活動に参加したことがある男性はひとりだけでした。ほかのPTA活動も実務はだいたい母親が担っていますが、なかでもベルマーク活動は、もっとも母親率が高いかもしれません。こういった非効率な作業は「男性がするべきではない」と考える人が、男女ともに多いようです。

ベルマーク購入資金の推移

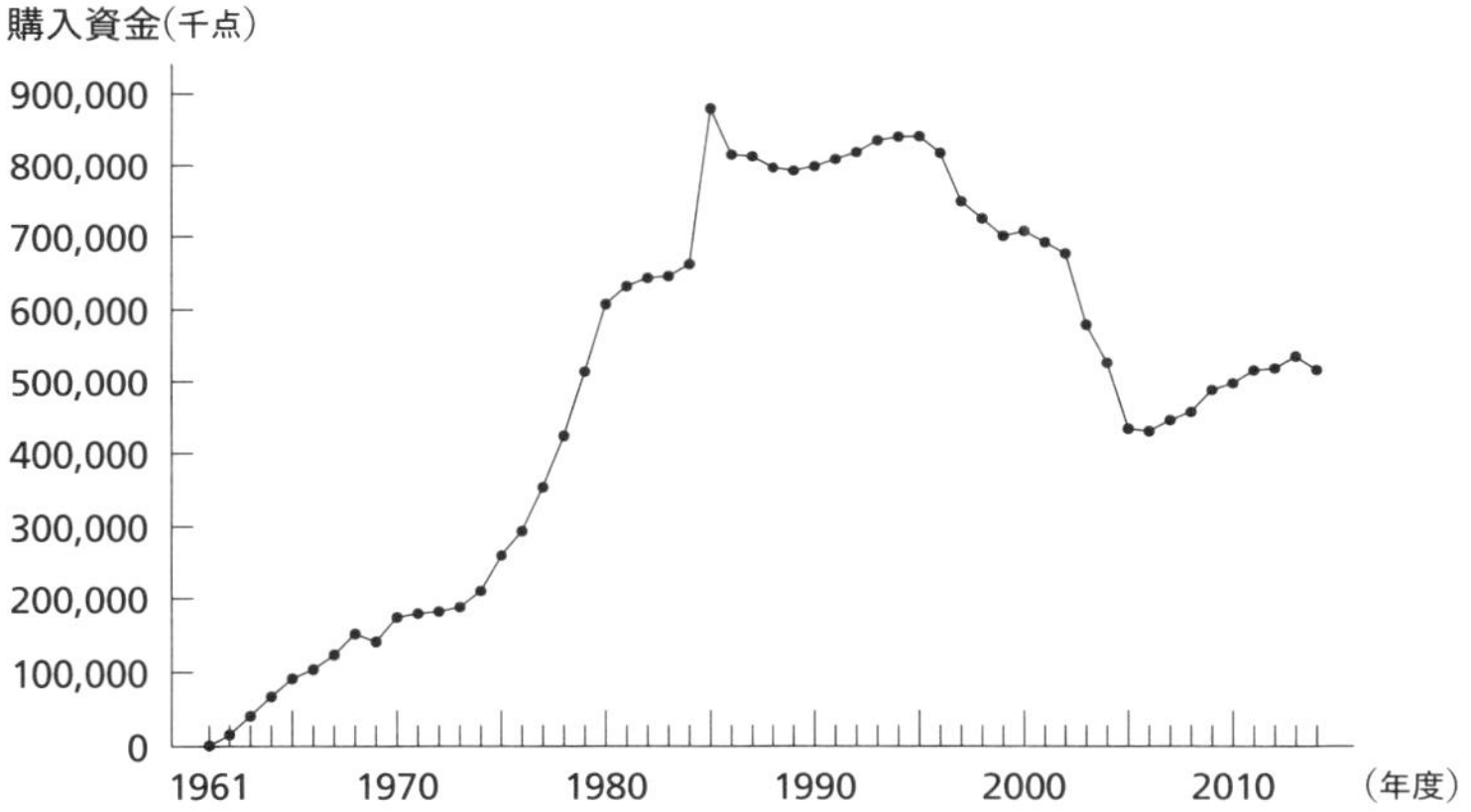

2014年の微減は、消費税増税の影響とみられる
出典：ベルマーク教育助成財団

ベルマーク財団に聞いた寄付のしくみ

まずはベルマーク側の考えを聞いてみよう。そう思い、ベルマーク教育助成財団に取材を申し込みました。

財団の事務所は、朝日新聞本社のすぐ裏手のビル内にありました。じつは、ベルマークは朝日新聞が始めたものなのです。広報の小管幸一さんが取材に応じてくれました。

そもそもベルマークは、どんな目的で、どのように始まったのでしょうか？

「ベルマーク運動が始まったのは、1960年です。その数年前（1957

年）、へき地校に勤務する先生たちが、戦後十数年が経っても教育環境が整わない窮状について、朝日新聞にアピール文を寄せたのです。これがきっかけとなって、朝日新聞が〝継続的にへき地校を支援できるかたち〟を検討して、『自校のために備品を購入すると、自動的にへき地の学校に寄付できる』というベルマークのしくみを生み出したのです。

たとえばベルマークを溜めた点数で1000円の商品を購入すると、900円は協力会社（ベルマークで買える商品を提供している会社）に支払われ、残り100円は自動的に財団に寄付されます。財団がこのお金を、へき地校などに寄付するのです。

当初、支援対象はへき地校だけでしたが、いまでは養護学校や盲学校などの特別支援学校や、震災で被災した学校などにも寄付をおこなっています。

なるほど、「困っている学校に寄付しましょう」というだけでもなく、「自分の学校の備品を入手しましょう」というだけでもなく、その両方を同時に実現しているのが、なんともうまいところです。

ただの寄付集めだと、残念ながら単発または短期間で終わってしまいがちなところ、「自校の備品もゲットできる」という寄付者（PTA）にとってのメリットとセットにしたことによって、継続的な支援を可能にしたわけです。

じつは、PTAによる〝自校への寄付〟には、若干グレーなところがあります。というのは、義務教育にかかわる費用は公費で負担するのが原則ですから（憲法26条）、それをPTA会費から出すことは、原則に反するともいえるからです。しかも現状は自動強制加入のPTAが多いので、すべての保護者が納得して寄付をおこなっているわけでもありません。

でもベルマークで寄付をすれば、そういった問題が目立たなくなります。保護者の無償労働を換金するシステムなので、PTA会費を使わずに寄付をおこなえるからです。そういったところを考えると若干モヤっとしますが、ベルマークが生まれた目的そのものは、けっして「悪いもの」とはいえないでしょう。

人件費がタダだから、煩雑な作業もそのまま温存

さて、ではなぜ母親たちは、このように〝意義深い〟ベルマーク活動を、そんなにもいやがるのでしょう？　何がどう、よろしくないのか。

問題は、「要求される作業のハンパない煩雑さ」にあります。
ここで、ベルマーク活動の「詳細な作業手順」を説明しておきましょう。

1　ＰＴＡ会員、またはベルマーク係（委員）が、各家庭で商品パッケージに印刷されたベルマークを切りとり、学校に持参。校内に設置された回収箱に入れていきます。
（ここまではいいのです、子どもでもできます。問題はこのさきです！）

↓

2　回収されたベルマークを係が手分けして、会社ごとに分類します。協賛企業はぜんぶで約60社。ベルマークは１～２センチ四方の小さなものが多いですから、たいへん細かい作業となります。

↓

3　これをさらに、点数ごとに分類します。たとえばマヨネーズでおなじみのキューピーの場合、０・５～70点までさまざまな点数があります。ちなみにベルマークがついた商品は、全社合計で約２０００種あるそうです。

↓

4　つぎに、会社&点数ごとに分類されたベルマークを、数えやすいようキリのいい枚数でまとめていきます。よくあるのは切りとったマークを一列に並べ、セロテープで台紙（裏紙など）に貼りつけるというスタイルです。
↓
5　台紙に貼ったベルマークを「会社ごとの専用の袋」にまとめて入れ、財団に郵送します。このとき、各点数の枚数や合計点数を計算して、所定の記入欄に書き込みます。なお、この「会社ごとの専用の袋」は財団から取り寄せる必要があります（他社の袋を流用することは厳禁だそう）。

こういった煩雑な仕分け～集計の作業を、ベルマーク係のお母さんたちが担っているわけです。

さらに添えておくと、これらの作業効率は、ベルマークが印刷された「パッケージの素材」によっても大きく左右されます。丸まりやすい素材や、カーブした素材は、たいへん扱いづらいのです。とくに薄いフィルム素材のものは、風で飛んでしまうので注意が必要です。軽い鼻息でさえ、たちまち散らばってしまいます。そのためベルマーク係のお母さんたちは、マスクをつけて作業にあたることもめずらしくありません。

こんな証言もありました。

「夏の暑い時期に集計作業をやっていたんですけれど、たまたまそのときはＰＴＡの部屋のクーラーが壊れていたんです。でも窓は開けられないし、扇風機も使えないから、みんなものすごく暑そうで……」（てぃーこさん）

会社の仕事であれば、こんなことをしていたら人件費がかかりすぎますから、とっくのむかしにやり方が見直されていたはずですが、なにせそこはＰＴＡです。〝お母さんの無償労働〟に頼っていれば、だれも痛くもかゆくもありません。

そのため、このような煩雑なシステムが温存されてきたのでしょう。

悲鳴が上がっても続いてきたのはなぜなのか

しかし、いくら意義のある活動とはいえ、これはさすがに費用対効果が悪すぎます。

いまは忙しい保護者が増えていますし、Ｗｅｂ上で管理するポイントサービスが全盛の時代です。このやり方は、あまりにも効率が悪く感じられます。

「お金を払うから免除してほしい」「ベルマーク活動をなくしてほしい」という声が上がるのは当然ではないでしょうか。

ところがどっこい、ベルマーク活動はなかなか変わりません。なぜなのでしょう？

理由はいろいろあると思います。

「子どもたちのための活動」なので、「手がかかるから、やめよう」とは言いだしにくいこと。「前年どおり」が目的化していること。変えるのがめんどうだから、だれも手をつけないこと。学校側からも寄付に対する期待があって、やめづらいこと（ただし、これはもしかするとPTA側の思い込みである可能性もあります）。

あとは、「ベルマーク活動が楽しい」というお母さんたちの存在もあるでしょう。お茶を飲んだり、おしゃべりしたりしながら作業する時間を、「楽しいコミュニケーションの場」と感じている人も、じつはいるのです。

筆者も、その気持ちはわからないでもありません。ベルマーク活動の経験はありませんが、たまにみんなでPTAの部屋に集まって、おしゃべりしながら、ちょっとした作業をする時間を「楽しい」と感じることはあります。

「ベルマーク活動が人気」のウラ事情

ただし、そんなふうに思えるのは、時間に余裕があるときだけです。仕事が忙しいときや、集まりの頻度が高いときは、「この時間にあの仕事ができるのに……」と思いながら、頭のなかで貧乏ゆすりしていることも。みんな同様でしょう。

「どんなことでも、楽しもうと思えば楽しめる」という面もありますが、「いつでも、だれでも、何でも楽しめるわけではない」というのもまた事実です。負担に感じる人が多いことを、忘れてはいけません。

また、話を聞くと、ベルマーク活動がかならずしも「お母さんどうしのコミュニケーションの場」として機能しているわけでもなさそうです。

せっかくみんなで集まっても会話もなく、ただ黙々と作業して解散、というPTAや、「仕分け&集計作業を自宅でできる！」というのをベルマーク係の売りにしているPTAも多いからです。そういった場合でも、「学校に行かなくてもいい（どれかひとつは〝かならずやらなきゃいけない〟のであれば、ほかの係よりマシ）」という理由で、人気の係にはなっていることもあるのですが……はたして、そこまでしてやるべきことなのでしょうか？　寄付だけが目的なのであれば、ほかに方法はたくさんあるはずです。

「強制しない」を徹底すること

これもやはり「やりたい人だけでやるかたち」を徹底することが必須でしょう。委員や係としてクラスから何人かを強制的に選ぶのではなく、ベルマーク活動をやりたい人を本当のボランティアとして募集するのです。

「ベルマーク活動なんていらない」という声も多くありますが、もし「楽しんで続けたい」という人がいるなら、それを無理にやめさせる必要もありません。やりたい人だけでできるかたちを残しておけばよいでしょう。

「ベルマークをやりたい人だけでやるかたちにしたら、活動がより活発になった」という話も聞きます。

たとえば、大田区立嶺町小ＰＴＯでは、あらゆる活動を「やりたい人がやるかたち」でおこなっていますが、ベルマーク活動についても同様です。「ベルママ」という華麗な活動名のもと、みんな楽しく集まっているそうです。

岡山市立西小学校ＰＴＡも同様で、ベルマーク活動を「やりたい人がやるかたち」にしたところ、収集点数が格段にアップして、全国3位という成績を記録したそうです。

もしこれまでどおり、ベルマーク委員や係を各クラスから選出するとしても、参加を強制しないことは鉄則でしょう。ＰＴＡは本来、「できる人が、できることを、できるときに」やるものですから、そんなことはあたりまえのはずなのですが……。

しかしじっさいの現場では、なかなか原則どおりにはいきません。「ぜったいに休まないで、参加してくださいね！」などと、みんなに活動を強制する人が現れがちです。

もしこういうタイプの人が係の長になってしまったときは、つらいところ。本部役員さんに相談して、注意してもらうのもいいかもしれません（もし役員さんも同タイプの場合は、どうしようもありませんが……）。

それにしても、もっと確実に、この問題の根を断てる方法はないものか？

そこで、ベルマーク教育助成財団に、こんなお願いをしてみました。

「ベルマーク活動に参加したくない人には強制しないよう、財団からコメントを出していただけませんか？」

しかし、残念ながら答えはノー。「それは、できません」というお返事でした。たしかに、強制的に活動をさせているのはそれぞれのPTAであって、ベルマーク財団ではありませんから、しかたがないのですが……。

米国の「BOX TOP」は1種類だから仕分けが不要

それならせめて、ベルマークのシステムを、もうちょっと効率化できないものでしょうか。

「なんにでも効率を求めすぎるのはよくない」という意見もあるようですが、さすがにここまでの非効率は、だれも望んでいないと思います。

たとえば、アメリカにはベルマークと似た「BOX TOP」という寄付のしくみがありますが、こちらはだいぶマシです。ベルマーク同様、商品パッケージに印刷されたマークを集めると、自分の学校の備品を購入できるのですが、しくみがだんぜん効率的です。

まず、マークは「1枚10セント（約12円）」と決まっています。1円未満のものも多いベルマークとくらべるとずっと高額ですし、さらに種類もひとつだけ。しかも、パッケージ素材は厚紙のみです。

ベルマークのように、60近い会社ごとに分類して、さらに点数ごとに分けて、鼻息をひそめながら台紙に貼る……などという手間が、いっさい不要なのです。

日本には意外と「細かい作業が好き」という人もいるので、ここまで効率化しなくてもやっていけるのかもしれませんが、せめてベルマークとＢＯＸＴＯＰの〝中間〟くらいにはできないものか？

そこでふたたび、ベルマーク教育助成財団に、以下のような提案をしてみました。

1　ベルマークを印刷してよい素材を限定できないか？

2　最低点数を、せめて1点（1円分）にできないか？

3　点数の種類を、もう少し減らせないか？

4　仕分け&集計作業を、財団か協賛企業でおこなえないか？

残念ながら、これまた答えはすべて「ノー」。

「財団から協賛企業さんたちにお願いできることではありませんし、財団で仕分け&集計作業をおこなうのも不可能です」とのこと。

1、2個くらいは採用してもらえるのでは……、と真剣に考えて提案したので、あっさりと却下されたのはショックでした。財団は協賛企業に対して、ほんとうに、何ひとつ注文を出せないのでしょうか？

ベルマークの手間を減らす5つの提案

こうなったらあとは、個々のPTAでくふう（自衛）するしかありません。

以下は、筆者からの提案です。ベルマーク活動のやり方を、それぞれのPTAで見直してみてはいかがでしょうか。

提案1　扱うマークを限定する

たとえば、扱うベルマーク商品（会社）や点数の種類、印刷された素材を限定して、仕分け作業の負担を減らすのはどうでしょうか。具体的には「1点以上のマークに限定する」とか、「紙に印刷されたマークのみ扱い、透明フィルムに印刷されたものは除外する」など、集計作業の効率を考えてルールを決めるのです。

ただし、そのルールをみんなに徹底させようとすると、また無駄な手間がかかります。一度告知したらあとは、対象外のマークが届いたときは廃棄するくらいでよいでしょう。

提案2　点数計算や確認は、大まかにする

点数の計算や確認は、大まかでよいと思います。財団には、各ＰＴＡから送られてきたベルマークをチェックする専門の職員さんたち（もちろんお給料をもらって働いている方々です）が十数名います。もし計算がまちがっていたときは教えてくれますから、細かい確認はお任せしてはどうでしょう。

提案3　集計作業の時期や回数を見直す

財団にマークを送る頻度や時期は、各々のＰＴＡで決められます。「年3回送る」「何月と何月に集計する」などの決まりがあるかもしれませんが、それは各ＰＴＡで変えられることです。なるべく負担を減らせるよう、回数を減らすなり、人が集まりやすい時期に変えるなりしてみてはどうでしょうか。

提案4　回収品だけを扱う

ここまで提案したなかで、筆者がいちばんおすすめしたいのは、この方法です。「インクカートリッジ」と「テトラパック」の回収だけおこなうのはどうでしょうか。これなら、あの〝仕分け&集計作業〟がいっさい不要になるので、ベルマークをチョキチョキ、ペタペタするための膨大な手間と時間から解放されます。

PTAがやることは、回収箱がいっぱいになったときに協賛会社（ベルマークを提供する会社）に連絡を入れるだけ。回収してもらったら、後日各社から「点数証明書」（はがき）が送られてくるので、それをベルマークとして扱います。

しかも、インクカートリッジは一律「5点」と、ベルマークのなかではかなりの高ポイントです（エプソン・ブラザー・キヤノン各社共通。ただし、純正インクのみ）。

テトラパックは重さごとに点数が決まっていて、「アルミつき紙容器」なら1kg＝100点、「アルミなし容器」なら1kg＝50点という計算です。

手間もかからず高ポイントですから、効率もそう悪くありませんし、資源のリサイクルにもなります。

提案5　やめる

へき地校の状況も半世紀まえとはまったく異なるので、ベルマーク活動は終わりにするのも一案でしょう。他校や自校に備品を寄付する方法は、ほかにいくらでもあるので、見直してみてはどうでしょうか。

このままでは協賛企業のイメージダウンにも

最後に、協賛企業のみなさまにも、ひと言お伝えしたいところです。

ベルマークという慈善活動に貢献されてきたことはたいへんすばらしいと思うのですが、仕分けや集計作業のことも考えて、マークをつけてはいかがでしょうか。そうすれば、お母さんたちの負担がだいぶ軽減されます。

いまのやり方のままベルマークを続けていては、むしろ会社のイメージダウンにつながりかねません。

あるいは、ベルマークではなく、もっと時代にあった社会貢献事業を採用されてはどうでしょうか。

「おやじの会」はPTAのかわりになれるか?

「この指とまれ」で、やりたい人が参加

最近増えている「おやじの会」という団体をご存じでしょうか。PTAと同様に、学校の保護者がつくる任意加入の組織ですが、中身は大きく異なります。

まず、名前のとおり会員は「おやじ(父親)」が中心。PTAがほとんど女性ばかりで運営されているのとは対照的です。

会の名称は「おやじの会」のほか、「父親の会」「ぱぱの会」「ダディーズ」など、

〝父〟を意味する単語が使われたものがほとんどです。

多くの場合、希望があれば母親でも入れますし、なかには「熱血組」（稲城市立城山小学校）、「親路（おやじ）の会」（熊本市立託麻東小・二岡中）、「サポーターズ」（ラジオDJ・山本シュウさんが会長を務めた品川区立の小学校）など、性別を限定しない名称の団体もありますが、じっさいに会員になっているお母さんはあまり多くないようです。

「会員ではないけれど、よく手伝いに来てくれるお母さんはいますね。声をかけて一度来てもらうと『また声かけてね～』って言ってくれるんです。ふだんＰＴＡには来ないようなお母さんも、『楽しいから』って言って、来てくれます」（札幌市立札苗中学校「おやじの会」上田隆樹さん）

会員数は数人～30人程度。規模や活動内容は会によって異なり、運動会やお祭りなど学校行事の力仕事の手伝い、「親子鬼ごっこ大会」のような独自イベントをおこなうところが多くあります。なかには、パトロールや見守りなどの活動をするところも。

会費は集めないところが多く、何かイベントをやるときは、そのつどカンパを集めたり、スポンサーを募ったりします。最近は、地域の団体として自治体などの助成金を受け、活動費にあてるケースもあるようです。ＰＴＡと同様に、バザーやお祭りの収益金を運営費にあてる場合もあります。

「おやじの会」の最大の特徴は、すべての活動を「この指とまれ」方式で、つまり「やりたい人がやっている」という点です。そのため、「やらされ感」でいやいや活動している人の姿は見られません。そこが、ＰＴＡともっとも異なる点でしょう。

「おやじの会」こそ保護者ボランティアの本来の姿

「おやじの会」は、そもそもどんなふうに生まれたのでしょうか。

ネットで調べてみると、全国の「おやじの会」をとりまとめる「日本おやじの会連絡会」という会が見つかりました。さっそく代表の山下重喜さんに問い合わせてみたところ、電話で取材に答えてくれました。

「おそらく全国でいちばん最初にできたのは、１９８３年、川崎市の『おやじの会・いたか』だと思います。いまと違って、子育ての場に父親の存在感がほとんどなかった時代です。妻や子どもに『おやじ、いたか！』と言われていたため、自虐的に『いたか』という名称になったとか（笑）。

２０００年代に入ったころから全国的に増えはじめて、いまでは４０００〜５０００団体くらいはあるでしょうね。ぼくの住んでいる京都市には２００近い『おやじの会』がありますが、隣の市は２つか３つしかありませんから、地域によっても差があります。『全国おやじサミット』というイベントも毎年やっていて、13回目の今年（２０１５年）は愛媛でやります。開催地は強制的な持ち回りなんかじゃなく、みんな懇親会の場で立候補するんですよ。『来年はうちがやる』『そのつぎはうちがやる！』って、さきのさきまで決まっていくんです。

『おやじの会』は会費も予算もありませんから、サミットをやるための資金調達は、開催地に任せています。どうしてもお金がない！　というときは、小学校を会場にしたっていい。お金をかけずにやる方法は、いくらでもありますからね」

なるほど、「おやじの会」はこのように、ふだんの活動から全国サミットに至るまで、じつに自由に&楽しそうに活動しています。やりたい人がやっているから、そうなるのでしょう。

ＰＴＡしか知らない人から見ると、「そんな活動の仕方が、アリなのか!?」と驚いてしまいますが、考えてみたら、ほんとうはＰＴＡだって、こういうものではないでしょうか。

私たちは、いまのようなＰＴＡに慣れすぎて、「活動は保護者全員で（いやいや）やらなければならないもの」と思い込んでいますが、ほんとうはＰＴＡだって「おやじの会」と同様に、やりたい人が、やりたいことを、楽しんでやるもののはずです。

ＰＴＡは母、おやじの会は父、という棲み分け固定化問題

さて、このように、保護者ボランティア組織として理想的なかたちを実現している「おやじの会」ですが、少々引っかかる点もあります。

それは「おやじの会」が存在することで、「ＰＴＡ＝お母さん」／「おやじの会＝お父さん」という〝棲み分け〟が固定化しかねない、つまり、よりＰＴＡにお父さんが入りにくくなってしまう、という点です。

だれかがやるべきとされている、どちらかというと「あまりおもしろくない仕事」はＰＴＡでお母さんたちがやって、だれから頼まれたわけでもない「楽しい仕事」はおやじの会でお父さんたちがやる、という図式が定着してしまう可能性があるのでは。これ

は、避けたいところです。

「『おやじの会』をやっていると、PTAを長くやっているお母さん方から〝いいとこどり〟って言われることはありますよ。めんどうなことはみんなPTAにやらせて、『おやじの会』は楽しいことばかりやって、飲みにいくだけじゃない！って（苦笑）」（前出・上田さん）

このような見方に対する反論として、「現状のPTAはお母さんばかりで、お父さんにとって入りづらいから、最初の〝入り口〟として『おやじの会』が必要なんだ」という意見を聞くことがありますが、それはどうでしょうか。

「おやじの会」ができたことによって、お父さんのPTA参加率が上がったという例は、残念ながら聞いたことがありません。せいぜい「つぎのPTA会長候補が見つけやすくなる」というくらいでしょうか（それももちろん、ありがたいことなのですが）。

たしかにお父さんたちにとって、お母さんたちの輪に入っていくのは勇気がいることでしょう。でも、じきに慣れると思うのです。

子育ての現場に父親がほとんどいなかった10〜30年前であれば、「おやじの会」も必要だったかと思うのですが、いまはこれだけ女性の社会進出が進んでいます。子どもや地域のこと、PTAに関心がある父親もだいぶ増えていますから、そろそろこういった〝棲み分け〟はなくしていったほうがいいのでは、と思います。

いっそ、「おやじの会」だけでどうか

それなら、おやじの会をなくすべきなのか？

それはそれで、もったいないと感じます。せっかくみんなが自主的に活動している保護者ボランティア組織なのですから、無理にやめる必要はないでしょう。

ではどうするか。あまり賛同は得られないと思いますが、いっそPTAをやめて、「おやじの会だけ」にしてしまってはどうでしょうか？

筆者は、強制さえなければPTAもいいものと思うのですが、現実には「PTA＝強制」はセットになってしまうことが多く、どうにもイメージがよろしくありません。そこでいっそ、クリア＆リスタートしてはどうかと思うのです。

ただしそのときは、「おやじの会」は名実ともに、性別（父親か母親か）を限定しない組織に変わる必要があるでしょう。

むかしは「保護者会」（学校が召集をかける保護者の集まり）のことを「父兄会」などと呼んでいましたが、さすがにいまはそんな言い方はしません。「おやじの会」も性別的にニュートラルな名称に改め、父も母も関係なく参加しやすくされたいところです。

それからもうひとつ、「世代交代しやすくするためのルールづくり」も必要でしょうか。現状の「おやじの会」はＰＴＡと違って、ＯＢもずっと会員でいられるケースが多いため、顔ぶれが固定化してしまうこともあるからです。

たとえば、人数が少ないときは現役＆ＯＢで構成するけれど、人数が増えたときは、ＯＢはＯＢだけで別組織をつくる、などといったように、臨機応変に対応できるとよいかもしれません。

〃あまりおもしろくない仕事〃をどうするか

もう一点、もしＰＴＡをなくして「おやじの会」だけにするという場合、「いまＰＴＡでやっているような〃あんまりおもしろくない仕事〃はだれがやるのか？」という問題も出てくるでしょう。

このときは、むしろチャンスかもしれません。これを機に、削れる仕事はできるかぎり削るのです。

まずは、「お父さんに頼みにくい」「お父さんがいやがりそう」という仕事は、思いきってやめてはどうでしょう。たとえば古紙回収など、「費用対効果が悪すぎて、お父さんには頼めない」と思うような仕事は、お母さんだってやらなくてよいのでは。

そのようにして仕事を削っていったとき、おそらく最後に残る仕事は、パトロールや見守りなど、必要と言われるわりに、やりたがる人が少ない仕事でしょうか。これらは、どうするべきか？

一案として、「おやじの会」で引き受けるのもいいでしょう。ただし、ほかの活動と同様に、強制はしないこと。ここで強制をすれば、PTAと同じ轍を踏みます。じっさい、「見守りを強制的にやった『おやじの会』は廃れた」という証言もあります。

あるいは、「おやじの会」とは別に、パトロールや見守りをおこなう有志の組織を立ち上げてもいいかもしれません。たとえば岡山市立西小学校PTAでは、「西小子どもを見守る会」という組織を別につくったそうです。

ただし、この場合もやはり、強制は禁物です。「どうしてもできない」という人を深追いしてはいけません。

ほかにも、PTAを通さず学校が直接保護者に協力を呼びかけるケースや、学校が地域のおじいちゃん、おばあちゃんたちに呼びかけて協力を得ているケースなど、いろんな方法があります。

どんなかたちでやるにせよ、「かならず、みんなで活動する」という考えは捨てたほうがいいでしょう。その活動を「必要だ」と思う人が周囲を説得し、協力を仰ぐ、というのが本来のあり方だと思います。

多くのPTAはそこをすっとばして、活動を「必要ない」と思っている人や、事情があって「参加できない」という人にまで無理やりやらせてしまうから、いやな思い、つらい思いをする人が出て、嫌われてしまうのです。

会員限定サービスをやるなら学校外で

最後にひとつだけ、「おやじの会」のみなさんにお願いしたいことがあります。それは、会員限定のサービスはしないでいただきたい、ということです。

以前取材中に、「非会員家庭の子どもが参加できない宿泊イベントをおこなう〝親父限定〟の会がある」と聞いて、ほんとうに悲しくなってしまいました。筆者はシングルマザーです。

その後偶然、まさにその会員限定サービスをしている会の方に話を聞く機会があったのですが、加入者を増やすための特典として、そういう差別化をしているとのことでした（じっさい、その「おやじの会」は他校のそれにくらべて会員数が多めでした）。

でもいまは、母子家庭、祖父母と子どもで暮らす家庭、女性どうしで子育てする家庭などなど、父親がいない家庭もたくさんあります。また、両親がいる家庭でも、ふたりとも忙しくて「おやじの会」に参加できない場合だってあるでしょう。

そういうおうちの子どもたちを排除した活動をおこなう会が、なぜわざわざ学校施設を使うのでしょう？　非会員家庭の子どもたちは、「会員限定」のサービスを学校でおこなうおやじたちを見て、何を感じるでしょう？

「日本おやじの会連絡会」代表の山下さんは、「それはむしろ方向が逆。ふだん大人の男性とふれあう機会が少ない家庭の子どもにこそ、『おやじの会』が必要」と言います。

「ぼくがつくった『おやじの会』のスローガンは〝わが子の父親から、地域のおやじへ〟。自分の子どものことだけをやるんじゃなくて、よその子のおやじにもなる。それが、『おやじの会』なんです」

全国の「おやじの会」のみなさんにも、同時にＰＴＡのみなさんにも、ぜひこのような理念で活動していただけたらうれしいです。

トラブルの温床？　PTA改革で省いてはいけないこと

手間がかかってもやる必要があること

最近、「PTAの仕事をスリム化（削減）した」という話を聞くことが増えてきました。

たとえば、よく耳にするのはこんな内容です。

「仕事を削減して、2つの委員会を合体させ、委員会の数を1つ減らしました」

「ほぼ毎月開いていた定例会を、2〜3カ月に1度にしました」

「広報紙の発行を、年3回から年1、2回に変えました」

２０１６年に日本ＰＴＡ全国協議会が発行した活動事例集にも、「組織運営の透明化・スリム化・円滑化・活性化をめざして」というキャッチコピーが入っています。ＰＴＡの仕事削減は、もはや全国的な流れと言えるかもしれません。

ただし、「削ること」ばかりに注力すると、削ってはいけない部分まで削ってしまうことがあるので、注意が必要です。

何を削ってはいけないか？　それは対話や話し合いなど、「合意形成のためにかける労力」の部分です。それぞれの会員が意見を上げることや、会員の声を運営に取り入れることがおろそかになるのは、やはりよろしくありません。

ていねいな合意形成には手間ひまがかかるものですが、ここを省けばＰＴＡは一般会員にとってより遠い存在になり、役員決めはますます難航するでしょう。

「都合のいいアンケート」は見破られる

たとえば、最近聞いたのはこんなトラブルです。

あるＰＴＡで、本部役員の人たちがアンケートをおこないました。すると、活動の削減を望む意見が多数だったため、スリム化を推進したそうなのですが、じつはこのアンケートの回答数がとても少なかったことが、あとから判明しました。

役員の人たちは、回収率を伏せたまま結果を公表し、これを「保護者の総意」として強引にスリム化を進めてしまったため、ほかの保護者から不満が噴出。結果、保護者間に大きな溝が生まれてしまったそうです。

合意形成の手段としてアンケートをおこなうことは、筆者もおすすめしてきました。でもじつは、アンケートというのは意外と難しいものです。設問や実施方法しだいで、欲しい結果を導く操作ができてしまうからです。ですが、そんな恣意的なアンケートをおこなえば当然みんなも気付きますから、不信を招くことになります。

ですからこの場合、面倒ではあっても、回収率が低かったことを添えて結果を公表しつつ、別途意見を問う機会を用意するなどして、もう少していねいに話を進めることが必要だったのではないかと思います。

「ご意見募集」をはしょった後味の悪さ

えらそうに書いていますが、じつは筆者にも失敗経験があります。昨年度、子どもの小学校で6年の学年長（各学級代表の取りまとめを行うPTAの役職）をやったのですが、そのとき例年行われてきた卒業関連のある仕事を、諸事情により、なくしました。

事前に軽く根回ししたところ、ほとんどの人が賛成だったので、決定事項として手紙で周知したのですが、あとから「あれについて、文句を言っている人がいたよ」という声を、ごく少数ながら、伝え聞くことになったのです。

しばらくのあいだ、「どうすればよかったのかな？」とクヨクヨ考えていたのですが、はたと気づきました。わたしが合意形成の手間を惜しんだから、こうなったのです。

最初から決定事項としてお手紙を出すのではなく、いったん「これについて、ご意見のある方はご連絡ください」というお手紙を一枚出せばよかったのです。そのワンステップを踏んでさえいれば、あとから反対の声が聞こえてきても、気にしなくて済んだでしょう。

そのときは、「反対の人はたぶんいないだろう」と思い、決定事項として話を進めてしまったのですが、もしかしたらわたしのなかで無意識に「反対の人が出てきたら、めんどうだ」という気持ちもあったかもしれません。でも、結局こんなに後味の悪い思いをするんだったら、先に反対意見の人と話をしておいたほうが、精神的な負担はずっと少なかったろうし、大した手間でもなかったな、と思いました。

取材をしていると、ときどき「よくぞ、そんなPTA改革を実現できましたね」と思うような事例があるものですが、そういったケースもよくよく話を聞くと、会長さんをはじめ役員の人たちが、じつにていねいに対話や話し合いの手間をかけているものです。

たとえば改革事例でよく知られる大田区立嶺町小学校PTOも同様です。提案事項への意見や反論を団長（会長）が直接ヒアリングするための時間をもうけたり、少人数しか集まらなくても臨時総会をこまめに開いたりと、合意形成にかける労力を惜しんでいません。アンケートもていねいに、何度も、実施しています。だから、あれだけの改革を実現できたのだな、と納得させられます。

一般会員も不満があるなら意見を伝える努力を

なお、合意形成の努力が必要なのは、ＰＴＡを運営する役員さんたちだけではありません。われわれ一般会員の側にも、声を上げて、対話や話し合いに参加する努力が求められます。

たとえば新学期には、たいがいどこのＰＴＡでも「総会」がおこなわれます。総会は、一般会員がＰＴＡに対してオープンに意見を出すことができる稀有な場です。

ところが多くの場合、一般会員は委任状を出してすべてを役員さんに委ねてしまいます。そのため、出席するのは前年度＆今年度の役員と先生がたのみとなり、ほとんど意見交換も行われないまま、拍手とお辞儀だけの「しゃんしゃん総会」に終わりがちですが、それも本当は、ちゃんと考えなければいけないところでしょう。

もしＰＴＡについて不満があるのなら、総会に出て意見を言ってみてはどうでしょうか。まっとうな意見であれば対応してもらえる可能性は（まあまあ）あると思います。

ＰＴＡ総会は、先生がたも全員出席できるよう平日日中に行われるため、お勤めの人にとってはちょっと辛いですが、どうしても出席できないときは、委任状に意見を書き添えてみるのもいいかもしれません。少なくとも役員の人たちの目には入るはずです。

ＰＴＡに不満があり、かつ退会する予定もないのであれば、一般会員にもＰＴＡを改善する努力は必要でしょう。ただ陰でＰＴＡの文句を言っているのは、選挙に行かず、ただ政治に文句を言っているのと同じようなものかもしれません。

会費なし、義務なしの町内会ができた！

紙屋高雪さんインタビュー

ここまで、PTAのさまざまな問題点を掘り下げてきましたが、ここでPTAとよく似た性質をもつ「町内会」（「自治会」と同じ意味で使います）という組織に目を向けてみたいと思います。

町内会というのは、「自分が住んでいる町を、住民みんなのボランティア（自発性）でより良くしよう」というもので、全国津々浦々に存在します。戸建ての地域だけでなく、マンションなどの集合住宅にもあります。

仕事内容は、会によってまちまちです。ほぼ共通するのは「回覧板」による情報伝達くらいでしょうか。あとは何もしていない、というところもありますし、「ゴミ置き場の管理・清掃」「夜間パトロール」「お祭りなどのイベント」「共有地の清掃活動や草取り」「資源回収」などをおこなうところもあります。あまり知られていませんが、「街灯の管理や設置」という仕事を担っている町内会も少なくありません。

ほとんどの町内会では会費を徴収しており、金額は1000〜5000円/年など、だいぶ幅があります。

町内会とPTAの共通点は、「本当に必要かどうかわからない仕事が多い」「活動できない人、やりたくない人にまで参加を強制する力が働く」といったところです。町内会もPTAと同様に任意加入の組織ですが、昔からの慣習で「その地域に住む人は全員加入するもの」として扱われてきました。

昨今では、加入をやめたり断ったりする世帯も増え、全国的に加入率が低下していますが、地域によっては「やめたくてもやめられない」と悩む人も少なくありません。

町内会は必要なのか？　どうすればうまく付き合えるのか？　みずからの経験をもとに町内会の実態と再編を描いた『〝町内会〟は義務ですか？』（小学館新書）著者の紙屋高雪さんにお話をうかがいます。

町内会長は〝形だけ〟ではすまなかった

大塚　紙屋さんは30代のとき引っ越してきた街で町内会に入り、ある日突然、会長になられたそうですね。

紙屋　ええ、それまで活動にはほとんどかかわっていなかったんですけれど、町内会長が突然亡くなってしまって、後継が見つからなかったんです。

一度は「町内会を閉めようか」という話も出たのですが、知りあいから「閉めるのはもったいない。〝形だけ〟でもいいから会長に……」と言われて、つい引き受けてしまいました。

大塚　「(町内会を) 閉めようか」という話が出たのは、ある意味で健全ですね。ＰＴＡだと会長の後任が見つからなくても、「閉めようか」という選択肢はだれも考えつきません(笑)。でも紙屋さんは、そこで会長を引き受けたと。

紙屋高雪さん
漫画評論家&ブロガー。1970年生まれ。
30代のとき、とある地方都市で、
町内会にかかわりはじめる。
妻と娘の3人家族で、
ふだんは「9時-5時」で勤務。
著書『オタクコミュニスト超絶マンガ評論』
(築地書館)など。
ブログ「紙屋研究所」
http://d.hatena.ne.jp/kamiyakenkyujo/

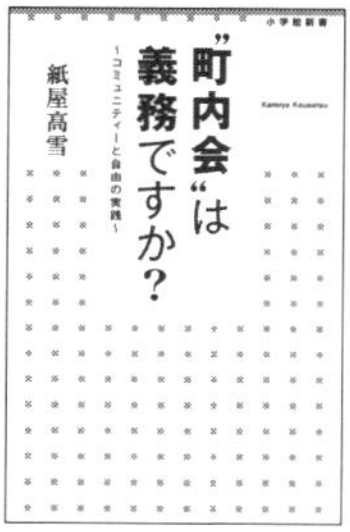

紙屋さんの著書、
『"町内会"は義務ですか?』
(小学館新書)

紙屋　〝形だけ〟ならと思い……。でもやってみたら、やはりちっとも形だけではなかった（笑）。

たとえば、新しく団地に入ってきた人に加入を呼びかけるという仕事があるんです。「こんにちは〜」と家を訪問しなきゃいけないんですが、そうすると、じつにイヤ〜な顔をする人がいるんですよ。〝飛び込み営業〟みたいで、すごく苦痛でした。

大塚　勧誘するほうもつらいですね。ＰＴＡでも人集めをするときがありますけれど、迷惑がられると、とてもこたえます。

〝必要性〟をだれにも問えない仕事の数々

紙屋　いちばん負荷が大きかったのが、近隣の町内会の集まりである「●●小学校区自治団体協議会」（以下、略して「校区」）との関係でした。各町内会長のほか、防犯、防災、交通安全、男女共同参画、社会福祉協議会、青少年健全育成委員会など地域の各種団体代表が集まる会なんですけれど。

大塚　ＰＴＡ会長さんもよく「地域の会合に参加を強制される」ことに悩んでいます。どんな問題があるんですか？

紙屋　必要とは思えない仕事が、たくさんあるんですよ。しかも、その必要性を問うことがなかなかできない。ふだんの集まりで「これは、そもそも何のために？」なんていう疑問を口にしたら、「余計なこと言わないで」みたいな感じで、流されてしまう（苦笑）。

たとえば防災訓練でも、団地など集合住宅の自治会では「ドアを蹴破って部屋に突っ込んでいく方法」とか、それなりにおもしろいことをやっているんですけれど、戸建中心である校区の訓練は、ごく一般的なことしかやりません。「団地住民のニーズにあった、こういうことをやりたい」と思っても、それは言いにくいんです。

大塚　上層部の決定とか、例年の慣習に対して、口を挟む余地がないんですね。

紙屋　お祭りも同様で、ぼくらは町内でも「夏祭り」をやっているから、校区のお祭りはとくに必要性を感じていないんです。だからほんとうは「やりたい人でやってください」と言いたいんですが、それは許されません。「そんなことを言ったら、だれもやらなくなる」というので、かならずだれか要員を出さなければいけない。だれも出さないでいると、「なんで要員を出さないんだ！」としつこく言われます。

そうすると結局、うちみたいに「団地内のことは手伝うけれど、外のことは手伝えませんよ」という人が多い町内会だと、すべて会長の私か副会長のどちらかがやらなきゃいけなくなる。それに、だんだん耐えきれなくなってきたんですね。

大塚　ＰＴＡの参加強制の問題といっしょですね……。

紙屋　そして最後は〝つるしあげ〟に遭いました。校区の運動会などに要員を出さないでいたら、会議のあとに居残りさせられ、十数人の役員に囲まれて「あんたのところは、なんで出さないんだ！」って、深夜までえんえんとやられた（苦笑）。

それで「もうやめよう……」と思って、やめました。自分でも「こういうことがあったら、やめようかな」と思っていたところもあったので。

大塚 その状況は、やめて当然と思います……。

会費ナシ、義務ナシの〝新町内会〟を発足

紙屋 ところがですね、うちの町内会で「会長をやめるので、町内会自体も閉めたいと思います」と伝えたら、会員のなかから「せっかく夏祭りや餅つきがあるおかげで団地のまとまりがあるんだから、なくしてしまうのは惜しい。それだけは続けられる組織を残しませんか？」という声が、自発的に上がったんです。ひじょうに美しい展開ですよね。それで、「それだけなら、やりましょうか」という話になりました。

大塚 いい流れですね。では、町内会は存続させたんですか？

紙屋 いいえ、それまでの町内会を「休会」にして、〝新町内会〟をつくりました。

新町内会では、まず会費の徴収をやめました。以前は年会費を４０００円もとっていたんですが、それはやめて事業収入と寄付で賄うことにしました。

やっている仕事は「夏祭り」と「餅つき」くらいなので、「買った人がお金を払ってくださいね」というかたちにして、あとはみんなでカンパしあうていどで成り立ってしまうんです。これで集金業務もいらなくなりました。

大塚 PTAもそういうかたちにできるといいのにと思います。イベントをやるときは、そのつど参加者からお金を集めればいいし、もし「寄付してもいいよ」という人がいたら寄付してもらえばいいんですよね。

紙屋 同時に、「町内会に入っている人／入っていない人」という区別もなくしました。それまでは、会費を払う人だけを「町内会員」として扱ってきたんですが、会費をなくしたので、「団地に住む人ならだれでも自由に参加できる」ということにしたんです。

もちろん活動義務はいっさいないので、参加しないのも自由です。班長の仕事を輪番制でまわすのもやめて、完全なボランティア（やりたい人がやるかたち）を原則にしました。また、当然、校区にも入っていません。休会通知を出して「二度と連絡してほしくない」と伝えました。ただし、押しつけや強制をしてこない「公団自治協（公団住宅の自治会の協議会）」とだけはいまもつながっています。

大塚 めでたしめでたし、ですね。その後〝新町内会〟はどんな感じですか？

紙屋 最終的に活動する人が10人くらい残ってくれて、気持ちよく続けています。ちょうど一週間くらいまえに夏祭りの話し合いをしたんですけれど、いまは自発性がすごくいいかたちで発揮されていますね。

大塚　「強制をやめたらだれもやらない」なんてことは、なかったんですね。必要な活動に対して、必要な人数が残ったということでしょうか。希望が湧くお話です。

途絶えた時期は「必要なかった」ということ

大塚　町内会もＰＴＡも、きっと問題の根っこにあるものは同じですよね。

紙屋　そうかもしれません。町内会もＰＴＡも、いちばん大事なのは「目的性をはっきりさせること」と「自発性の原則にもとづくこと」だと思いますが、いまはそこがあいまいです。「なんでその仕事をやるのか」という必然性がみえなければ、どんな仕事も苦痛としてしか感じられませんから、「自発的にやろう」という気にはならないですよね。

大塚　私も「やりたい人がやる」のがいちばんいいと思うんですが、「強制をやめたら、だれもやらなくなる」という心配をする人も多いですね。

みんな、そんなにやりませんかね？　紙屋さんの町内会だって、必要な活動はおのずと残ったわけですし。ＰＴＡの場合、学校や子どものことに関心がある保護者は多いですから、よけいに「(やる人は) いるでしょ」と思います。

紙屋　強制をやめたら「ある時期は活動が途絶える」ということは、私はぜったいあると思うんです。でもそれは、「その期間は必要なかった」ということではないですかね。またある時期になったら、「やっぱりつくらない？」とか「そういうの、やらない？」という人たちが出てくるはずなので。

大塚　そうですよね。ほんとうに必要を感じたら、動く人は出てくるだろうと思います。かならずしも現役の保護者じゃなくてもいいでしょうし。

紙屋　以前、私が保育園の保護者会長をやっていたとき、こんなことがありました。そこは保護者がすごく自発的に動いてつくられた保育園で、保護者会や保育運動、学習、バザーなど、みんな熱心にやっていたんです。でもだんだん形骸化して、部門によっては、来ない人はぜんぜん来ない状態になってしまいました。保護者会の仕事は「一家庭一役」ということで〝義務化〟されていたんですけどね。

ところが、あるとき保育園の存続を揺るがすような問題が起きて、存続運動を担う部門を保護者会のなかにつくろうという話になり、「その部門だけ〝有志制〟（やりたい人がやるかたち）でやってみよう」と提案したところ、みんなすごくバリバリ動くようになったんです。「ああ、これが原初的な姿だったんだな」と思いました。「目的性と自発性がはっきりすると、こんなに違うんだな」ということを、そのときも実感しましたね。

大塚　ＰＴＡも町内会も、本来はそういうものなんでしょうね。その姿を取りもどすためには、やっぱり強制はやめたほうがいい……。

いっそ〝有志だけ〟じゃダメですかね？　私も以前、父母会ではなく〝保護者有志〟で動いたことがありますが、用は足せました。ＰＴＡがなくても、何かあったときはそのつど、必要を感じる人が「有志」で動けばすむのでは？　それなら形骸化もしませんし。

紙屋　そっちのほうが、バネはすごく発揮できますよね。ＰＴＡや父母会とくらべると、「重み」は劣るかもしれませんけれど。

大塚　内容によっては、学校の意向を気にしなくていいぶん、かえって動きやすいと思うんです。ただ、有志が乱立した場合に混乱する可能性もあるので、一長一短ですが……。

「やめられない仕事」は、そもそも行政の範疇

紙屋　「強制をやめたら、この仕事はだれが引き受けるの？」という話もよく出てきますよね。広報紙などはなくても困りませんから、やりたい人がやるかたちでいいですけれど、たとえば「旗ふり」（登下校見守り）とかって、「強制的に割り振りしないと、だれもやらないんじゃない？」という話になりがちじゃないですか。

大塚　必要性の度合いについて、人によって意見が分かれる仕事もありますよね。

紙屋　これについては、私のなかではふたつの考え方があります。ひとつは、だれもやら

ないなら、それは〝いらない（必要性がない）〟ということだと思うんです。もしやりたい人が少なくて、もっと人数が必要だと思うなら、やりたい人がまわりを巻き込んでやったらいい。

大塚　そこで強制的に人を集めるから、よからぬことになるわけで。

紙屋　もうひとつの考え方は、むかしいた学童擁護員、いわゆる「みどりのおばさん」みたいな職種の人を、行政が雇用してもいいんじゃないかと思うんです。ちゃんと報酬を渡して。これはいまでもじっさいにやっている自治体はあります。

大塚　通学路の交通量が多くて明らかに危険があるような場合は、それがいいですね。行政が公費で対応して然るべきだと思います。

紙屋　町内会だと「（強制をやめて町内会がなくなったら）街灯の管理はだれがするんですか？」という話がよく出るんですが、これはそもそも行政がやることだと思うんです。

みんな「町内会でやらなきゃいけない」と思い込んでいるけれど、街灯を町内会が管理していない地域だってあるんですよ。たとえば東京都の中野区のように町内会加入率が低いところは、もうやっていませんし、横浜はいま、市の管理に移行中です。そういうことを知っていれば、「町内会でやらなくてもいいんですね」って言えるんですけれど。

大塚　そういうところもあるんですか！　というか、そもそも街灯を町内会が管理しているというところからビックリです……。ふつうに考えて、行政の仕事じゃないですか？

紙屋　そうですよね、みんなまずそこで驚きます（苦笑）。街灯は社会的インフラですから、行政が管轄するのが当然だと私も思います。

〝輪番制〟というやり方の長所と短所

大塚　町内会の「班長さん」は〝輪番制〟だというのをよく聞きますね。拒否権がなく仕事がまわってくると、困る人も多そうですが、なんとかならないものでしょうか？

紙屋　私がつくった新町内会では輪番制の仕事をなくしましたけれど、輪番制にも、いちおうメリットはあると思うんです。

半強制的ではありますが、どんどん交代していくほうが、新しい人が体験を積み重ねていけるので、担い手を増やしていくことができます。輪番制をやめると体験する人が減っていくので、放っておくと、おのずと固定メンバーになっていってしまいます。

体験してみたら「意外と楽しかったね」とか「けっこう大事な仕事ですね」と気づくことは、けっこうありますからね。ぼくだって校区の行事で聴きたくもない講演を聴いて、「あ〜、意外とおもしろかったな」と思うことはあるので（笑）。

大塚　それはあるかもですね……。

紙屋　ただ、ぼくはそれは「次善の策」だと思います。民主主義社会ですから、「自発性」にもとづいてやるのがやはりいいと思う。輪番制というのは、「あるていど、合理性はありますね」というくらいのものじゃないでしょうか。

大塚　輪番制で班長が回ってくるのを恐れて町内会をやめる人も、じっさい多いですよね。

紙屋　そうですね。「無理やり引き込むことのよさ」というのもありますけれど、俯瞰してみると、やっぱりあつれきを生じやすいです。

町内会の場合、「もう、やめます」ということを、ＰＴＡよりは気軽に言えますしね。賃貸の住民が多いところは、とくに。そうしたら町内会のほうも、「じゃあいいです、しょうがないですね」と言わざるをえません。輪番制を続けていたら、非加入が増えるのはやむをえないでしょう。

大塚　ＰＴＡの場合、「やめます」と言うのは、現状まだかなりハードルが高いですけれど、やはり今後はだんだんと増えていく気がします。退会する人や訴訟を起こす人も、だんだん出てきているので。

やっぱり、強制のままでは立ち行かなくなるんじゃないですかね、ＰＴＡも町内会も。

このインタビューをおこなった年の終わりに、紙屋さんは引っ越しをされました。当然、自治会の代表はやめることになったわけですが、そのさいに代表を引き継いでくれる人を探したところ、なんと4人も手を挙げてくれたそうです。

「以前の自治会だったら、とても代表など引き受けられなかったけれど、これだけスリムになったのならやってもいい」と思う人が多かったようです。

現在はこの4人が共同代表のようなかたちで自治会の運営にあたっているとのこと。紙屋さんがつくった「ミニマム自治会」は、確実に引き継がれたのでした。

Part 3

ハッピーなPTAはつくれますか?

ＰＴＡをとことんＩＴ化したら、何が起こる!?
川上慎市郎さんインタビュー

ビジネススクールでマーケティングを教える川上慎市郎さん。千葉県浦安市にある公立小学校でＰＴＡ会長を務めたさいに、連絡手段のＩＴ化を進めました。これによって、ＰＴＡ活動はどう変わったのでしょうか？　お話を聞かせてもらいました。

（２０１４年５月・２０１５年11月に取材）

集まる回数や時間減、印刷コストも半分に

大塚　川上さんはＰＴＡでかなりＩＴ化を進めたそうですが、川上さんが会長になった４

年前まで、役員や委員のみなさんは、どんな手段で連絡をとっていたんですか？

川上　平日の日中に学校に集まったり、メールで連絡をとりあったり、ですね。ＰＴＡから保護者全体に連絡があるときは、お手紙（プリント）です。

最初に配られたお手紙で驚いたのは、ＰＴＡ活動をする人の名前を書く欄が、各家庭にひとつしかなかったこと。夫婦のどっちかが書くとなると、だいたいお母さんが書くので、「あぁ、ＰＴＡってお父さんの入る隙がないんだな」って思いました。学校からの「連絡メール」も、各家庭がひとつの携帯アドレスしか登録できなかったですし、「これはおかしいな」と思った。

大塚　たしかにそうですね。学校やＰＴＡは、お父さんの存在をハナから忘れているところがあります。

川上　それから、お手紙でしか保護者に連絡ができないことにも疑問を感じました。「ちょっとみんなの意見をききたい」とか、「少し追加情報を流したい」というときも、いちいちプリントを配らなきゃいけない。そのために、校長先生と教頭先生の許可をとって、時候の挨拶の文言を直して……、という手間がかかるのをどうにかしたいと思い、ＩＴを使うことにしました。

大塚　具体的には、どんなふうに変えたんですか？

川上　「だれに対して、どんな情報発信が必要か」ということを洗い出して、それぞれに連絡システムを構築したんです。
まず、父親でも母親でも祖父母でも、希望する保護者は全員メールを受けとれるようにして、PTA役員や委員のあいだの連絡や意見交換は、Facebookのグループ*でやることにしました。Facebookを選んだのは、ふつうの携帯（ガラケー）・スマートフォン・パソコンという3種類のデバイスすべてで使いやすいと思ったから。いまの40代のお母さんは、ふつうの携帯の方も多いので。（*Facebookのグループ機能を使うと、Web上での意見交換や情報共有を簡単におこなうことができる。）

大塚　みなさん、Facebookをすぐ使えるようになりましたか？

川上　最初だけたいへんでした。ふだんあまりネットを使わないお母さんたちは、「アカウント登録」がしづらいんです。「まちがったボタンを押して、自分の個人情報が世界中に発信されちゃったらどうしよう？」という恐怖心があるんですね。だから、ぼくが横で「じゃあ、つぎはそこの左上のボタンを押して、つぎの画面は『スキップ』というところを押すと、個人情報が表示されないですよ」というふうにナビゲーションしたら、だいじょうぶでした。
各自登録さえできてしまえば、あとはスムーズでしたよ。「既読」がわかるから伝達漏れもないし、返事もひと言でいい。「いいね」を押すだけですむ。ファイル共有もできる。さらにDropbox（ネット上にファイルデータなどを保存したり、それを他者と共有したりできるクラウドサービス)を併用すれば、サイズ制限もなくなります。

大塚 私はFacebookがどうしても苦手なので、グループウェア(組織内の情報共有ソフト)のほうが好きなんですが。連絡手段を変えてみて、効率はよくなりましたか?

川上 そうですね、オンラインで意見交換できるから、学校に集まる回数や時間を減らせました。3年前は専業のお母さんばかりでしたけれど、いまは役員の半分が働いている人になったし、印刷コストも半分以下になりました。

大塚 すごい変化ですね。お手紙のプリント類は、どうしましたか?

川上 一般保護者へのお知らせは「認証制のウェブサイト」とメールを使うことにしました。さらに地域の人たちとか、これからこの学校に入る予定の保護者向けには「公開ウェ

撮影:谷川真紀子

川上慎市郎さん
グロービス経営大学院准教授。
専門領域はマーケティング。
浦安市の公立小学校PTAで
会長を3年、副会長を1年務め、
現在は上の子が通う中学校の
PTA会長と、浦安市PTA連絡協議会の
会長を務める。
大学時代の卒論テーマは
「非営利組織の経営」。

ブサイト」を用意して、そこから情報発信するようにしました。
大塚　地域の人たちへの情報発信と、在校生の保護者向けのそれを分けるのはいいですね。地域の人への情報発信はプライバシーの問題（児童の写真など）でひっかかりがちなので。ふたつつくっても、Webだったら費用もかかりませんし。

明確な役割分担をやめ、仕事を兼務だらけに

大塚　委員の数も減らしたそうですが、これはどんなふうにされたんですか？
川上　以前は1クラスから委員を5人選んでいたのを「3〜5人」に減らしました。
当時、「みんなが平等に仕事を分担するように、役職を増やすべきだ」って言う方がけっこういたんです。でも、ぼくはもともと「負担したくない人はしなくていい」という考えだし、「6年のあいだに1年だけ超がんばってPTAをやるけど、あとはいっさいやらない」というかかわり方のほうが健全だと思ったから、逆に「役職自体を減らそう」って提案しました。
大塚　PTAって、なぜかどうしても「みんな平等に負担すること」が目的にすり替わって、無駄に仕事を増やす方向にいきやすいですよね。でもその方向を、断ち切ったと。
川上　そうです。PTAはボランティア組織だから、「ゆるく活動する」っていうのが必

須なんですよ。「義務化しないと、みんな参加しない」という人が多いですけれど、そうではない。ボランタリズムというものをちゃんと理解したうえで、「義務化をしない」というのが、すごく大事です。

大塚　委員会は、どうやって減らしたんですか？

川上　一つひとつの仕事の範囲をあいまいにしたんです。仕事の範囲を複数の人で重複させるようにして、だれかができないときはほかの人がカバーするかたちにした。「おたがいに助けあってください」と言って、仕事を兼務だらけにしました。

大塚　斬新ですね。それで、うまくまわるんですか？

川上　そもそも役員の人たちに「何が負担か」って聞くとね、「都合が悪いときに、助けてもらえないことだ」と言うんですよ。だから、むしろ仕事を重複させて助けあえるかたちにしたほうが、負担を感じなくてすむんですよね。最初はちょっと混乱したけど、あとは落ち着きました。

大塚　そっか。みんな「仕事の分担は、はっきりさせなければいけない」と思い込みがちですけど、逆にそれが負担になっていた可能性もあるわけですね。ひっくり返してみたら、じっさいにうまくいったと。

それにしても、いろいろ変えるのはけっこうたいへんだったのではないですか？

川上　最初はもちろん、みんなで喧々諤々《けんけんがくがく》したし、いろいろな反発がありましたよ。ぼくは「矢ぶすま」みたいな状態になった（苦笑）。

ＰＴＡには厳然とした独自のルールがありますからね。ぼくみたいに、意識してそれを破りにいく人ならいいけど、そうじゃないと、がんじがらめになってしまうところがあると思います。

「やりたい人がやるから文句言うな」を貫け

川上　ＰＴＡってね、公立校的な「平等論」をもち込んだ瞬間に、よさが死んじゃうんですよ。

大塚　ん、どういう意味ですか？

川上　学校もお役所だから「全員が平等にできないことはやれません」っていうのがルールなんです。ＰＴＡはそうじゃなくて、「やりたいやつがやってるんだから、文句言うな」というロジックを貫かなければいけない（笑）。学校も、ＰＴＡにそこを期待している部分はあります。

大塚　たとえば、どんなことですか？

川上　実験的なこととか、ニッチなことですね。たとえば、ぼくのＰＴＡでは「ワークショップ大会」というイベントを毎年開催していたんです。保護者や地域の人からテーマを公募して、子どもたちに教えてもらうという体験授業のイベントです。

最初の年は、プログラミング、写真、車椅子、認知症看護の体験など、ぜんぶで13種類の講座をやりました。これ、参加児童は全校の3分の2です。3分の1は来ない。でも、それでいいんです。

学校はそういうことをやれないんですよ。全員が来ることしかやれないから、「最大公約数」的なことしかできなくなりがちです。

大塚　あぁ、ありますね。やたらと全員に同じことをさせようとするところ。PTAにも、同様の傾向はありますけれど。

川上　ちなみに、そのワークショップ大会がきっかけで、PTAが毎月、子どもたちにプログラミング教室をやるようになりました。こういうのも学校でやるのは難しいんですよ。

いま、発達障害のお子さんが注目を集めていますよね。通常の授業だとなかなか適応できなかったり、うまくクラスに溶け込めなかったりするケースが多いですけれど、プログラミングをやらせると、すばらしい能力を発揮したりする。

大塚　プログラミングはだれが指導するんですか？

川上　保護者のなかに、某有名企業で自然言語解析の研究員をやっていたというスゴイ人がいて、彼が「このアルゴリズムは、こうこうこうでさぁ」ってガンガン教えてくれるんです（笑）。

そうしたら、ひとりアスペルガーの子がいたんですけれど、彼がどんどん力を発揮しました。専門家の保護者が手ほどきしてあげることによって、物理学の重力法則とか、「木星では、このくらいのスピードでモノが落ちます」なんていうスマートフォンアプリをつくるようになりました。

大塚 小学生ですよね⁉ すごい。その子の得意分野を伸ばせて、よかったですね。

川上 逆に、できない子にも対応できます。ＰＴＡなら、アシストの保護者が何人もつくことができるから。

学校の先生がこれをやろうとしたらたいへんですよね。プログラミングってとくに、できる子とできない子のギャップが激しいので。マウスの動かし方がわからない子から、プログラミングをバチバチ打ち込んじゃう子まで、一人、二人の先生でめんどうをみろ、なんて言ったら、それはかわいそうですよ。

そういうニッチな対応というか、「ほんとうにできる子、ほんとうにできない子への対応」って、学校はできないんですよ。ＰＴＡはそこに対応できる。それは、すごく大きいことだとぼくは思ってます。

大塚 現状の先生の人数配置では、ふだんの授業でもたいへんだと思いますもんね。

「おやじの会」がプロデュースした「土のう積み大会」

川上　ぼくが会長になってから、「おやじの会」も立ち上げました。要は、飲み会好きなお父さんだらけなんですけれど。最後の年は、運動会という学校行事をまるまる一個、「おやじの会」に任せました。

大塚　「おやじの会」ってだいたい、行事の準備と片づけとか、「力仕事だけ」任されることが多いですけれど、行事を一個まるまる任されるのは楽しそうですね。

川上　うん、盛り上がりましたよ。メンバーのなかに市議会議員のお父さんもいて、「市からこんなものを借りられる」というリストを持ってきてくれた。そこに「土のう」って書いてあったから、「よし、これだ！」と言って「土のう積み大会」をやりました。リヤカーに積んだ山のような土のうを、保護者がリレーで運んで、運動場のはじっこに積んでいく。その高さで競う！（笑）

大塚　そんな競技、はじめて聞きました（笑）。

川上　競技名は「Do know!」。「土のう」って響きがさえないから、ちょっとカッコよくした。同じだよ！って（笑）。

大塚　「おやじの会」は好きなことばっかりしてズルイ、という声も聞きますが、ＰＴＡ

とうまく仕事を分担できているならいいですね。

川上　基本的に「おやじの会」って、ＰＴＡのアンチテーゼとして出てきますからね。「ＰＴＡの制約は受けないぜ！」みたいなところがある（笑）。だから、自由な部分もそこそこ残しつつ、ＰＴＡ保険（活動中のけがなどに下りる）や学校との調整なんかは、ＰＴＡでいっしょにやるというかたちです。

さらに市Ｐ連（浦安市ＰＴＡ連絡協議会）のなかにも「おやじの会交流会」という部会をつくって、ＰＴＡと「おやじの会」がコミュニケーションをとるようにしています。

ＰＴＡも企業も、いかに周囲にコミュニティをつくるか

川上　これからのＰＴＡって、コミュニティ経営的な視点をもたなければいけないと思うんです。「ＰＴＡのなかだけで、どううまくやるか」というより、「そのまわりにどういうふうに協調関係をつくるか」というところ。

学校と地域が、子どもをうまく育てていくために、どんなステークホルダー（利害関係者）を、どういうかたちで巻き込むと、その場所が全体としてうまくまわるか、みたいな視点がすごく大事だと思う。

大塚　うーん。でも、それって会長さんにとって、けっこうハードルが高い要求ではない

ですか？　もちろん、できるならやっていただきたいですけれど、「自分の学校のなかのことだけで手いっぱいで、地域のことまでやる余裕はないよ」という声を、会長さんから聞くこともよくあります。

川上　まあでも、ＰＴＡにかぎらず、これからの企業に必要なことも同じなんですよ。いままではモノをつくって売れればそれでよかった。でもこれからは、ユーザー自身にどうやってコミュニティをつくってもらうか、いかにして企業のまわりにみんなで輪をつくってもらうか、というところが、鍵なんです。

大塚　なるほど、みんなが自主的に協力しあえるような場づくりをする必要があるんですね。これからはＮＰＯとか行政とか、あらゆる組織に求められる視点なのかもしれません。

「顧客」はだれか？「もしドラPTA」をやってみた
山本浩資さんインタビュー

〝PTA改革〟で知られ、テレビや新聞にも登場した大田区立嶺町小学校PTO元・団長（PTA会長）の山本浩資さん。「みんなが参加しやすいPTA」をめざした山本さんは、どんなふうに改革を実現したのでしょう？　お話を聞かせてもらいました。

（2014年5月に取材）

「みんながハッピー」をめざす

大塚　山本さんのPTAでの取り組みは全国的に注目を集めましたが、どんなことをされたんでしょう？

山本　うちのＰＴＡではずっと「子どもが学校にいる６年間のあいだに、かならず一度は係をやる」みたいな不文律があったんですが、これをやめて、やりたい人がボランティア式でやるようにしました。委員会をなくしたので、４月の「沈黙の保護者会」もなくなりましたし、役員が出席する会議数も、ずいぶん少なくなりましたね。

大塚　いまサラッと「委員会をなくした」と言われましたが、どうやったんですか？

山本　以前は６つ委員会があったんですけれど、そのうち３つは廃止にして、続けたほうがいいと判断した３つの活動については、「部活」として残すことにしました。「部活」なら入部や退部はもちろん、兼部もできるし、気に入ったら何年でも続けられるじゃないですか。そのほうが、やりたい人がやりやすくなると思ったんです。（★その後、この３つの部も解散して、仕事を細分化してボランティアを募集するかたちに変更したそうです。）

大塚　それはおもしろいですね。お父さんもけっこう参加されてますか？

山本　ええ、役員もいまは半分（11人中５人）が男性です。

楽しく活動できるように、組織や活動のネーミングもくふうしました。たとえば、うちはＰＴＡじゃなくて「ＰＴＯ」と呼ぶんですけれど、最後の「Ｏ」は〝応援団〟の「オー」。ＰＴ「Ａ」の「え〜（いやそう）」をやめて、ＰＴ「Ｏ」で「おー！（元気な応援ふう）」にしたんです（笑）。そして、ぼくは「会長」ではなく「団長」。ＰＴＡだよりは「ファンファン」っていうんですが、これは「楽しむ」のファンと、「応援する」のファンをかけあわせた名前です（FUN＋FAN）。

要は、「みんながハッピーなPTA」にしていきたいんですよね。

いままでの〝おカタイやり方〟をやめた

大塚　山本さんは本業が新聞記者ということで、かなりお忙しそうですが、どうやって団長の仕事と両立されてるんですか？

山本　以前は休日など家でずっと寝ていたんですが、そこを起きるようにした、というのがまずひとつ（笑）。

あとは、新聞記者って取材の合間に移動の時間なんかもけっこうあるんですよ。そこで役員のみんなからのメールをチェックしたりできるので、意外となんとかなるんですね。

さらに今年度（2014年度）から、メールのかわりにグループウェア（サイボウズLive）でやりとりするようになったので、すごくやりやすくなりました。作業の効率が、五倍くらい上がった。

大塚　すごいですね。これは「サイボウズ式」というサイトの掲載記事（初出時）なので、私が話を盛ってると思われそうですが、ほんとうにおっしゃいましたからね……。

山本　おかげで、学校に集まる回数もずいぶん減りました。今年度に入ってから、そういえば一度もボラセン会議をやってないです。といってもまだ5月だから、2か月しか経っていませんけれど（笑）。

大塚　会議を2か月やってないというのは、やはりスゴイことでは。ところで、いまおっしゃった「ボラセン」ってなんですか？

山本　うちでは「（本部）役員会」のことを「ボランティア・センター（ボラセン）」って呼んでいるんです。「役員会」って、敷居が高い感じがするじゃないですか。それで「いい呼び方はないかな」って考えたところ、ボランティアをしたい人と、ボランティアが必要なところをマッチングさせる部署なんだから、「ボラセン」でいいじゃないかと。

撮影：橋本直己

山本浩資さん
大田区立嶺町小学校PTO元団長
（取材時は現役の団長）。
毎日新聞、東京社会部記者。
おもにスポーツ取材にかかわる。
2012年から3年間、
PTA改革に取り組んできた。
2015年3月、任期満了につき
団長の座を退き、その後は
一般のPTO会員。

山本さんの著書、
『PTA、やらなきゃダメですか?』
（小学館新書）

大塚　名前を変えるだけで、ずいぶんイメージが変わりますね。ボラセンなら、やってみたくなります。

山本　「ベルマーク活動」は、「ベルママ」って呼んでいます（笑）。一度「ベルマーク活動はなくそう」という話も出たんですけれど、「やめたくない」という人もいたので、だったら、そういう人を中心に楽しくやればいいじゃないということで、これも名前を変えました。

最近はもう、ぼくだけじゃなく、みんながこういう発想です。いままでのＰＴＡのおカタイやり方じゃなくて、「どうやったらみんなを惹きつけられるか」ということを、みんなが意識してやってますね。

きっかけは、3・11

大塚　山本さんは、どんな経緯で会長になったんですか？

山本　じつは、会長になるまで、ＰＴＡってまったく参加したことがなかったんです。若いころは事件記者で、子どもの幼稚園の行事も行ったことがなく。休みの日は疲れて家で寝ている、みたいな生活でした。

それが２０１１年3月11日にあの震災が起きて、現地に行って取材をしたりするうちに、「人と人のつながり」っていうことの大切さが、すごく身にしみるようになったんです。それまでもわかっていたつもりだったんですけれど、震災のあと、はたと「ぼく自身は、地域にどうかかわってるのかな?」と考えたら、「あれ? かかわってないな」と思った。

それで、自分も地域活動に参加して、地域の一員として何ができるのか知りたいな、と思っていたとき、ちょうど「PTA会長をやらないか」と声をかけてもらったんです。当時、ぼくはBSの番組でキャスターをしていたんですが、それを見ていた推薦委員の人から、「人の話を聞ける人なので、ぜひやってもらいたい」と言っていただいて。それでお受けしました。

大塚 震災がきっかけで、PTA活動を始められたんですね。

山本 そうなんです。大塚さんはどんな経緯でPTAの本(前著)を書いたんですか?

大塚 私も、震災がきっかけのひとつでした。原発事故が起きて、「どうして、こういうことになったのかな?」と考えたときに、みんながめんどうくさがって、向きあわなきゃいけない問題をほったらかしてきたからじゃないかな、と思ったんです。それはもちろん、私自身もふくめて。そこは自分も改めないとな、と思ったんです。

山本 それがどう、PTAと?

大塚 PTAも、同じようなところがあるじゃないですか。みんな「このままじゃダメだ」と思っているんだけれど、自分が向きあうのはめんどうだから、てきとうにやり過ごして、そのままつぎの人に引き継いでしまう。私もＰＴＡ会員なので、それじゃいけないなと思ってはいたんですけれど、どこから手をつけていいかわからなかったんですね。

そこにちょうど、出版社の方から「ＰＴＡの本をつくってみないか」という話をいただいて。それで、山本さんのようにＰＴＡをじっさいに変えてきた人たちに取材させてもらえば、これからＰＴＡ問題に取り組む私たちも手がかりをつかめるんじゃないかと思って、やらせてもらうことにしました。

「ＰＴＡってなんで、こんなことを?」と思う日々

大塚　会長になって、ＰＴＡにどんな印象をもちましたか?

山本　最初はほんとうに、「なんで、こんなことをずっとやっているんだろう?」と思うことが、たくさんあったんですよ。

たとえば、毎年、春にＰＴＡ主催の「歓送迎会」という催しがあったんです。離任・着任した先生方と保護者が話をする会なんですけれど。それについて、「毎年人が集まらないので、なんとかして集めましょう!」ってみんなが話しているのを聞いて「ん?」と思った。そもそも平日の夕方じゃ、みんな集まりにくいんじゃない? って。

大塚　学校やＰＴＡは、そういうのが多いですよね。人が集まらないと嘆くけれど、平日・日中という時間設定にそもそも難がある。

山本　あとは、保護者会でようやく委員が決まったあと、こんどは委員長と副委員長がなかなか決まらないから、それを決めるためだけに、委員が全員、もう一度学校に集まったりしていた。来ないと欠席裁判で委員長にされちゃうから、みんな仕事を休んだりして、必死で来るんですよ。

ほかにもそういう「何なんだろう、これは？」と思うことがいろいろあって、「みんな、もうちょっとハッピーにやれないのかな？」と考えるようになったんです。

大塚　とてもよくわかります。

山本　またその一方で、子どものことに関心があるお父さんがすごく増えているのも感じていたんです。学校公開日（授業参観）なんか、ぼくらが子どものころには考えられなかったくらい、たくさんお父さんたちが来るんですよね。それで、「このエネルギーを集約すれば、いまよりもっと楽しく、いいＰＴＡ活動をできるんじゃないかな？」ということも思ったんです。

大塚　現状のＰＴＡにおけるお母さんたちの行き詰まりを、未活用だったお父さんパワーでひっくり返せるんじゃないか、みたいな。

山本　それで、「どうやったら、みんなが参加しやすいＰＴＡにできるか？」ということを考えるようになったんです。
ぼくはちょうどそのころ、記者の仕事でブータンの幸福度調査というのを取材していたんですね。それで「これをPTAに応用して、〝PTA幸福度アンケート〟をやってみよう」と思いついたんです。

大塚　おもしろそうですね、アンケート、いいじゃないですか。

山本　それが、役員会で提案したとたん、もののみごとに反対されたんです（苦笑）。「それ、だれが集計するんですか？」とか、「そんなアンケートをとって、何になるんですか？」とか言われて、だれも賛成してくれなかった（苦笑）。
でもぼくは、みんなの声を聞いてからじゃないとスタートできないと思っていたから、ぜったいにアンケートをやりたかったんです。それで、「どんなふうに伝えたらみんなを巻き込めるのかな～」と考えていたときに、いいことを思いついたんですよ。

「もしドラPTA」をやってみた

山本　「そうだ、ドラッカーでいこう！」と思ったんです。そのとき、たまたま家で子どもたちといっしょに「もしドラ＊」の映画をDVDで観ていて、「〝もしドラPTA〟だ」とひらめいた。ドラッカーの言葉をうまく使えば、みんなをうまく巻き込んで、PTAを変えていけるんじゃないかなって考えたんです。（＊「もしドラ」は、『もし高校野球の女子マネージャーがドラッカーの「マネジメント」を読んだら』の略。原作は岩崎夏海著、ダイヤモンド社。）

それでさっそくみんなに「ＰＴＡにとっての〝顧客〟のニーズを知るために、アンケートでマーケティングをしよう」っていうふうに話したんです。

大塚 ただ「アンケートをやろう」と言うより、「マーケティングをやろう」と言うほうが、なんとなく必要性が伝わりそうですね。それでアンケートはできたんですか？

山本 ええ。しかも、回収率が96％だったんです。これは、ふだん学校がとるアンケートとくらべると、格段に高い数字なんですよ。欄外まで記述してあるものもすごく多くて、なかには別の用紙をつけ足して、自分の考えを書いてくれた人もいました。それだけみんな、ＰＴＡに対して言いたいことがあったんですね。

大塚 やった甲斐がありましたね。アンケート結果から、何がわかりましたか？

山本 いちばん大きかったのは、「活動時間の問題」がはっきりしたことです。むかしはＰＴＡって、専業主婦の方が中心でしたよね。でもアンケートをとってみたら、いまうちのＰＴＯでは「フルタイム勤務の人／パート勤務の人／専業主婦の人」の割合が3対3対3で、ほぼ同じだったんです。活動できる時間帯も、みなさんバラバラでした。

「これじゃ、みんなが時間をあわせて活動するのは、なかなか難しいよね」という認識を役員会のなかで共有できたので、「じゃあ、いまの状態をどうやって変えていけばいいのか？」というふうに、みんなで同じ方を向いて考えられるようになっていきました。

大塚　そこから、ＰＴＡがだんだん変わりはじめたんですね。

「これならボランティア式でいける」

山本　最初の年は、会議数や委員の数を減らすことから始めました。つぎの年は、新しく役員会に入ってくれたお父さんたちと相談して、「これまでの委員会活動とは別に、プロジェクト式で、大人も子どももみんなが自由に参加できるようなイベントをやってみよう」という話になったんです。それを「夢プロジェクト」と名づけて、その第一弾として「逃走中」を企画しました。

大塚　大人数の鬼ごっこみたいなやつですか？

山本　そうです。そうしたら、これがあっというまに参加者が集まって、子どもが３５０人、保護者ボランティアが１８０人も集まる大イベントになったんですね。多摩川の河川敷で、ものすごく盛り上がりました。このとき、ぼくははじめて「このボランティア式のやり方で、ぜんぶできる」って確信したんです。ＰＴＡの仕事も、やるべきことがはっきり伝わりさえすれば、強制しなくてもみんな自分から参加してくれるだろうって。

それで役員会のみんなに「ぜんぶの委員会を廃止して、ボランティア制でやろう」って提案したんですけれど、そうしたらまた、みんなかたまっちゃった（笑）。「ほんとうにそんなことできんの？」「どうやってまわすの？」って。

でも終わったあと、ひとりのお母さんが「山本さん、それ、できますよ！　アメリカではみんなボランティア制です。ＰＴＡのホームページにカレンダーがあって、参加したいイベントをクリックするだけで、ボランティア登録ができるんですよ」って教えてくれたんです。

大塚　そうですね。アメリカのＰＴＡ＊は委員会などなくて、イベントやプロジェクトごとに参加者を募集していると聞きます。（＊アメリカでは、全国組織に加盟している団体だけが「ＰＴＡ」を名乗ることができ、それ以外の団体は、「ＰＴＯ」（Parent Teacher Organization）など、ほかの名称を使う。）

山本　その後、一般の保護者向けに説明会をやったら、「いっそ世界標準をめざしたらいいじゃない」なんていう話も出てきて、だんだんと「ボランティア制でやってみよう」という方向に進んできました。

「いやいや」やる姿を子どもたちに見せたいか？

大塚　いまはもうぜんぶボランティア制でやっているんですか？

山本　今年度（２０１４年度）からそういうかたちにしました。今年の４月の保護者会はすばらしかったですよ。委員を決めなくていいから、沈黙の保護者会じゃない（笑）。決めるのは連絡網をまわす係だけなので、すぐに数人の手が挙がりました。

あとは、従来は年6回やっていた運営委員会も今年度からなくなりました。

大塚　え、あれって、なくせるものなんですか？

山本　うちの運営委員会はもともと、学校からの連絡の場というより、委員会と役員会が協議する場だったんです。でも今年度からは委員会がなくなったので、必要なくなったんですよね。いまはボラセン・メンバーだけなので。

それで運営委員会のかわりに、先生と保護者の意見交換の場として「たまりばミーティング」というものをやることにしました。これはだれでも参加ＯＫなんです。学校公開（授業参観）の日の午後に設定して、保護者も先生も、みんな参加しやすくしました。

大塚　いいですね。従来のかたちだと、運営委員や役員など一部の保護者と一部の先生たちしか接点をもてません。だれでも参加ＯＫにしてこそ、「先生と保護者の会（ＰＴＡ）」といえるのでは。先生と保護者のあいだの風通しがよくなりそうです。

山本　ちなみに、ミーティングのときはいつも、子どもを連れてきてＯＫにしているんですね。子どもたちのための活動をしながら、自分の子どもは家に放ってきて、というのはおかしいですし、そうやって大人たちが、子どもたちや学校のために動いている姿を子どもに見せることは、すごく大事だと思うので。というか、「そこしかない」というくらい、それは重要なことだと思うんですよ。

大塚　あぁ、それはほんとうに、そうですね。

山本　大人たちが、「今日はＰＴＡの会議だ～（げっそり）」って言いながら、義務や強制でいやいや学校に行く姿を、子どもに見せつづけていいの？　と思うんです。それじゃ、子どもだって学校に行くのがいやになるでしょ。だから、そうじゃないかたちをぼくたちがつくらないと、と思ったんです。

それは、変えられます。というか、変わりましたね。景色が、以前とは確実に変わりました。

コミュニケーション・ツールの活用と見極め

大塚　冒頭で、ＰＴＯ内の情報共有にグループウェアを使っているとおっしゃってましたが、どんなふうに活用しているんですか？

山本　最初はボラセン（役員会）で使っていたんですが、最近は各部の活動でもグループを立ち上げました。ぼくはぜんぶのグループに入っているんですが、それぞれの「掲示板」を見ると、みんながどんな議論をして、どんなふうにプロジェクトが進んでいるか、すべてわかるんです。何か議論でつまずいているときは、ボラセンのメンバーが「ここを、こうすればいいよ」ってアドバイスすることもできるし、ほんとうに便利です。

大塚　使い方がわからない人とかいませんか？　パソコンを使えない方とか。

山本　だいじょうぶですね。ふつうの携帯（ガラケー）で使っている人も多いです。みんな、ＬＩＮＥみたいな感覚で使ってます。

　登録したばかりのときは、みんなメールばかり使っていたんですけれど、ぼくはたまたまヒマなときがあって、いろいろいじっていたら「これ（グループウェア）は便利だ！」とわかってきた。みんなも使いだしてみたら、「メールよりこっちのほうが便利だ」というのがわかって、自然と移行してきたんですね。

大塚　具体的には、どんなところが便利ですか？

山本　まず、メールを探す手間を省けたことです。それまでは、移動中にメールをチェックして、あとで読みかえしたり返信したりするときに、「どのメールだっけ？」って探すのがすごくたいへんだったんですけれど、グループウェアだとそれがない。トピックごとにやりとりがまとまっているので、そこをチェックするだけですむ。

　あとは「いいね！」が、すごく便利です。メールだと「読んだよ」っていうだけでも、いちいち返信しなきゃいけなかったですけど、「いいね！」はボタンを押すだけですみますから。配布するお手紙のチェックも、問題がなければ「いいね！」で完了です。

大塚　とくに会長さんとか、やりとりする相手が多い人には助かりますね。

山本　無駄な会議もなくなりましたよ。掲示板で議論したうえで、「ここだけは顔を合わせて話したほうがいいよね」というときだけ集まるので、効率はすごくよくなった。
もちろんぼくたちの場合、それまでさんざん顔を合わせて、おたがいがどんな人かというのをわかったうえで掲示板でやりとりしているんですけれどね。最初からいきなり、掲示板だけで議論するっていうのは、ちょっと危険だと思うんですけれど。

大塚　全部をWeb上ですませるというのも、難易度が高いですよね。「ここは直接会って話したほうがいい」という部分を見極めながら、うまくまわしていけるといいですね。

時間も手間もかけず、あくまで「消極的」に！ 小沢高広さん（うめ）インタビュー

人気の夫婦漫画家ユニット「うめ」で、原作やプロデュースを担当している夫の小沢高広さん。子どもが通う保育園で父母会を省力化したことを、Web上の記事（note）で発表しました。なぜ？　どうやって？　ぜひくわしくお話を聞かせてもらおうと、取材をお願いしました。（2015年10月に取材）

父母会は「なんとなく、変えられそう」と思った

大塚　小沢さんは一昨年（2013年）、お子さんが通っていた保育園の父母会を〝スリム

化〟されたそうですね。「全員入会→任意入会」「集会を年10回→3回に削減」「広報紙→壁新聞に変更」など。何か、きっかけがあったんですか？

小沢　子どものときから「なんで、そういうのやるの？」ということは思っていました。親がPTAの役員決めとかで揉めているのを見て、「やんなきゃいいじゃん」と言ったことがあります。

そういうのが自分の身にもふりかかってきたんですよ。子どもが保育園で学年が上がるにつれて、役員決めとか、行事の係分担とかが出てくる。「あー、これが小学校のときに、親が揉めてたやつか！」と。

でも、なんとなく「変えられそうだな」という気がしたんです。親の時代ほど「従わないとダメ」っていう空気はないな、と思って。「なんとかなんじゃね？」と思った。それが、きっかけですよね。

大塚　なんで、そんな気がしたんですか？　ほかの保護者の雰囲気？

小沢　そうですね。年に2回ぐらい親どうしの飲み会があったり、朝夕の送り迎えで顔を合わせたりしていたので、だいたい、ようすはわかっていたんです。みんなめんどうだと感じてるな、と。「このメンツだったら、できるんじゃないの？　うるさく言う人も多くなさそうだし」と思いました。

大塚　それで、ご自分から役員に？

小沢　いえ、最高学年（年長）になるとき、前任者から「会長やらない？」って頼まれたんです。「やだよ！」って一度は断ったんですけれど、「（小沢さんが）やらないと、〝熱心な人〟がやるよ！」って言われて、「それはコワいね」ということで。

大塚　あー（笑）。たんなる〝熱心な方〟ならありがたいんですけれど、たまに〝保護者全員に熱心さを強いる方〟もいらっしゃいますよね。そっちのタイプだと、みんなたいへんなことになるから……。

小沢　それです。で、会長を引き受けるかわりに、条件を出しました。「来年度の父母会の役員の人選を、あるていどやらせてほしい」と言って、半数をお父さんにしたんです。あまり親どうしのつながり、しがらみがない人を使いたかったので。

大塚　何か変えるときは、しがらみのない人のほうがスムーズな傾向はありますね。

「やっちゃうやっちゃう！」で変えちゃった

大塚　会長になってすぐ、父母会が全員自動入会だったのをやめて、入会申込を配って任意で入会するかたちにされたそうですね。これって本来、あたりまえなはずなんですけれど、まだやっていないところが多いです。どんなふうに話を進めたんですか？

小沢　4月の総会で決を採りました。会長になることが決まった2月ころから、何を変えるかはだいたい考えていたんです。

かってに変えるわけにはいかないので、父母会の会則を熟読しました。そうしたら会則には「総会で三分の二の賛成をもって決める」ということ以外、何も書いてない。「あ、それだけなんだな」と思って、総会にかけて、そのまま成立しました。

大塚　スムーズでしたね。

小沢　引き継ぎのときから、まえの会長に「来年度はガラッと変えるよ！」と言っていたんです。そしたら「いいよいいよ、やっちゃって！」って言うから、「やっちゃうやっちゃう！」って（笑）。

大塚　前任者がそういう人だと、やりやすそうですね。反対意見はなかったんですか？

撮影：内田明人

小沢高広さん
作画のデジタル化や電子書籍のセルフパブリッシングにいちはやく取り組み、業界内外に知られる夫婦漫画家ユニット「うめ」で、原作やプロデュースを担当する夫の小沢さん。

作画は、妻の妹尾朝子さんが担当。

代表作『大東京トイボックス』は2014年にドラマ化。

『STEVES（スティーブズ）』（小学館ビッグコミックスペリオール）、『ニブンノイクジ』（cakes、電子書籍版はコルクから発売）、など、好評連載中。

小沢　総会が終わったあとで、「そんな決議は無効」と言ってきたお母さんはいましたね。でも、ちゃんと正式な手続きはとっている。簡潔に、1〜2行のメールでお返事したら、それ以上は何も言ってこなかったです。くれば、お答えする気は満々だったんですけれど。

大塚　お父さんたちは、何も言ってこなかった？

小沢　少しはありましたけど、そんなに揉めることもなく。お父さんになると、交渉が少しウェットになりますよね。「飲みにいきませんか？」とか、そういう感じで、同性どうしのウェットさが入る（笑）。

大塚　ああ、同性どうしだから！　お母さんの関係が湿っぽくなるのも、「女だから」じゃなくて、同性どうしだからかもしれないですね。

じっさいに入会申込の用紙を配って、反応はどうでしたか？

小沢　例年どおり、ほとんどの世帯が加入しました。入会率は98%です。二つ、三つ問い合わせはきたかな。

驚いたのは「これ（入会届の配布）は、入ってほしくないということですか？」という問い合わせがあったこと（笑）。「入ってほしくないわけではなく、あくまで強制でなく任意で入る団体なので、入りたいと思ったら入ってください」と説明したら、その方も入会しました。

大塚　へええ、そういう誤解をされる方もいらっしゃるのですね……。

「壁新聞」は、すごくおすすめ

大塚　以前は「年10回」やっていた集会を「年3回」に減らしたとのこと。もともと、ずいぶん集会が多かったようですけれど、何を話していたんですか？

小沢　何でしょうね……。まえに進まない話を、ずーっとしているんですよ。何か議題があって、司会が順番に指差して意見を言っていくんですけれど、まとめるフェイズがないまま結論が出ずに、「また来月検討しましょう」というのが続いていた感じですね。

大塚　それを4・9・3月の3回に減らしたと。何か困ったことはありましたか？

小沢　何もないです。集まりの時間も短くなりました。

大塚　あとは、父母会で発行していた新聞をやめて、壁新聞にしたという。これもおもしろいですね。デジタル化で有名な「うめ」さんが、アナログ化（笑）。

小沢　壁新聞はいいですよ！　これはすごく、おすすめです。それまで「広報係は、パソコンを持っている人じゃないとダメ」というルールがあったらしいんですけれど、パソコンがない人もたくさんいるし、それにパソコンを持ってるというだけで広報紙がつくれるわけでもないじゃないですか。

大塚　そうですね、文章を書くこと、写真を撮ることの向き不向きって、パソコンを持っているかどうかとは無関係です。

小沢　だったら壁新聞にして、写真をぺたぺたと貼って、横っちょにチューリップのイラストでも描いておけばいい。それを張り出して、読みたい人が各自、携帯で写真を撮っていけばすむじゃないですか。

大塚　保育園は送り迎えに保護者がかならず登園するから、それができますね。作業が減って、だいぶラクになったのでは？

小沢　お母さんがふたりでつくってくれたんですけど、「1～2時間で完成した」と言ってました。コピー代もいらないから、コストも低いです。

適度に「アナログ」を混ぜておくのもコツ

大塚　あとは、お手紙の配布をやめて、メールやLINEで連絡するようにされたとか。

小沢　これは経費の削減もありますけれど、いちばんは「手間の削減」ですね。人数分のお手紙のコピーをとって、一枚ずつ全部子どもの名前を書いて、一人ひとりのロッカーに入れていく、みたいな作業って不毛じゃないですか。

大塚　保育園は、子どものロッカーからものが落ちたときだれのかわからなくなるから、お手紙にも名前を書かなきゃいけないんですよね（苦笑）。メールに切り替えれば、そんな作業はすべて不要になります。切り替えてみて、何か困ったことはありましたか？

小沢　「送ったのに届かない」というのは、たまにありましたね。重要なメールについては「レスがない人には、クラス役員さんから声をかけて確認して」とお願いしていたので、たいして問題はなかったですけれど。その点ではＬＩＮＥのほうが確実だし、もしこれからやるんだったら、ＳＮＳのメッセンジャーのほうがいいんじゃないかな。

大塚　それから、メールで受けとりたくない人や、受けとれない人がいたときのために「プリントを一部だけ掲示板に貼っておいた」というのも、親切な対応ですね。

小沢　もしどうしても紙で必要な人がいたら、これを事務室でコピーさせてもらえるよう、事前に園長先生にＯＫをもらっておいたんです。コピー経費は父母会で出すから、と言って。結局、ひとりも使わなかったんですけれど。

大塚　保護者への連絡をデジタル化しようとすると、「まだハード（端末など）が追いつかない人がいる」という理由から、全員であきらめてしまうことがよくありますけれど、こんなふうにちょっとフォローするだけで、クリアできる部分もあるんですね。それでもぜんぶアナログでやるのよりは、ずっと手間が減ります。

小沢　あれ、もったいないですよね。だから適度にアナログを混ぜてデジタル化しておいたほうがいいんですよ。

「やりたくない人にやらせる手間」を省く！

大塚　「最高学年は全員役員をやる」という決まりも、やめたんですね？

小沢　「ぜったいにやりたくない人に何かやらせる」と、かえって手間になるじゃないですか。「だれだれさんがやってない！」って言う人も、ほんとうはやりたくない人だから、そういう人にやらせるのも、あとでたいへんになる。

大塚　深く同意です。「やりたくない人にやらせるコスト」はホント無駄だと思います。

小沢　そういう無駄なことは、ぜんぶ「いっせーの、せ！」で、やらないようにできるといいですよね。なんでそんな、泥沼で足をひっぱりあうようなことをしなくちゃいけないのか。そのためにたぶん、みんなすごく時間を割かれるじゃないですか。それを避けたい。

大塚　日本中、そうしたらいいですね。無駄な縛りはぜんぶ、「いっせーの、せ！」でやめる（笑）。

「全員役員」をやめてみて、じっさいどうでしたか？　人は足りました？

小沢　足りましたよ。ちょっとしたことなら、役員が兼任しちゃったほうがずっと早いんです。それに、意外とみんな「なんか手伝うよー」って言ってくるんですよね。何もしないでいると〝仲間はずれ感〟を感じるのか。そういう人には「じゃあ、これ手伝って」とお願いして、ほかの人のサブ（ポジション）につけたりしました。

大塚 それはありますね！「やれ」って言われなければ自分からやるという人は、けっこういますよ。私もそうです。そういう人種は、放置されたほうが自分から動きますね。

小沢 あとはこっちも、気軽に言うんです。「忙しいから手伝って！」とか、「これめんどくさいから、やって！」とか。そうすると、「あ、いいよいいよ」ってなる。

大塚 いいですね。みんなかってに歯を食いしばって仕事しといて、「やらない人、ズルイ」とか陰で言うけど、だったら「手が足りないから、いっしょにやって！」ってストレートに頼めばいい。

小沢 みんな、理屈をつけるのもいけないんですよ。やらない理由だって、「めんどくさいから」とか「二日酔いだから休む」とかでいいじゃん、と思う。そんな、きまじめにやることじゃないですよ。正当化できない理屈でいいんです。

みんなに感謝されたけど、あくまで「消極的」？

大塚 これだけ仕事を省力化して、みんなに喜ばれたのでは？

小沢 お礼はいっぱい言われましたね。「回数が少なくなってホント助かる」とか「時間がかからなくて、ありがたい」とか。「これだよね！」っていう感じです。「憑きものが落ちたようで、いままで何やってたんだ？　と思った」という嘆きの声もありました（笑）。かなり〝消極的〟な改革だったんですけれどね。

大塚　え、これ〝消極的〟なんですか？

小沢　だってコストが低いじゃないですか。時間も手間もかけないから。

大塚　たしかに省コストですけど……。でもみんなが喜ぶかたちにしたんだから、すごくポジティブじゃないですか？

これから小学校のPTAでは何かされないんですか？

小沢　PTAでは、できるだけ目立たないよう、日陰で暮らそうと思ってます（笑）。積極的に変えるのは、やっぱりたいへんなので。それもまた〝熱心な活動〟だから、かなり胆力が必要になるじゃないですか。もしも火の粉が降りかかってきたら〝消極的〟に変えていきたいとは思っていますけれど。

ちなみにわが家は、ベルマークはいっさい集めずに、空の封筒を出しています。係の人の仕事が、ちょっとでも少なくなるように。そんなスタンスです。

大塚　自分も他人も省コストなのがいいですよね。おやさしいです。

あとがき

「子どもが卒業するまで、ほんの何年か我慢すれば、終わるから」

ということで、おかしな点には目をつぶり、前例踏襲で続けられてきた保護者組織・PTA。めんどうでも、そろそろ問題点を見直す時期ではないでしょうか。

PTAに限った話ではありません。見直しが必要なことは、学校や社会のなか、会社のなか、家庭のなかにも、たくさんあるでしょう。「今はまだ、いいから」といって問題を放置していれば、それらはみんな、われわれの子どもや、孫、その先の世代に、「負の遺産」として引き継がれてしまいます。

「強制」でも「お任せ」でもない保護者組織をつくることは、可能？

もしそれができたら、社会全体が、いい方向に変わっていけるのでは？

そんな希望をもって、PTAの取材を続けています。

この本の原稿作成にあたっては、東洋経済オンライン編集部の吉川明日香さん、サイボウズ式編集部の渡辺清美さん、藤村能光さん、太郎次郎社エディタスの須田正晴さんに、大変お世話になりました。ほか、この本の制作・営業・販売にかかわってくださったすべての方、この本の読者のみなさまに、熱くお礼申し上げます。

本著は、以下の媒体に掲載した記事をもとに再編、加筆したものです。
＊「東洋経済オンライン」～連載「善意から生まれた不思議組織　ＰＴＡのナゾ」
http://toyokeizai.net/category/PTA-mystery
＊「サイボウズ式」掲載記事
http://cybozushiki.cybozu.co.jp/author/reiko-ohtsuka.html

プロフィール

大塚玲子
（おおつか れいこ）

編集者&ライター。おもなテーマは「PTA」（保護者組織）と「いろんなかたちの家族」。Web媒体や雑誌にPTA関連記事を多数執筆。全国各地でおこなう講演会「PTAをけっこうラクにたのしくする方法」も好評。現在、中学校のPTAでは学年総務部長&運営委員。著書は『PTAをけっこうラクにたのしくする本』（太郎次郎社エディタス、2014年）、『オトナ婚です、わたしたち』（同、2013年）。

ホームページ&連絡先
http://kekko-pta.jimdo.com/

PTAがやっぱりコワい人のための本

2016年7月20日　初版印刷
2016年8月2日　初版発行

著者●大塚玲子

装画●村田エリー

装丁●木庭貴信+角倉織音（オクターヴ）

発行所●株式会社太郎次郎社エディタス
〒113-0033　東京都文京区本郷3-4-3-8F
［電話］03-3815-0605
http://www.tarojiro.co.jp/
［電子メール］tarojiro@tarojiro.co.jp

印刷・製本●シナノ書籍印刷

定価はカバーに表示してあります

ISBN978-4-8118-0795-9　C0037

好評既刊

大塚玲子の本

PTAをけっこうラクにたのしくする本

PTA活動はもっとラクにできるはず!
役員決めがスムーズにいく方法、
イマドキの情報共有・連絡テクニック、
任意加入へのスイッチ……
個々の活動を支える小さなくふうから、
しくみをバッサリ変える大改革まで、
実現のコツがわかります。

〈四六判・並製・208ページ・1600円+税〉

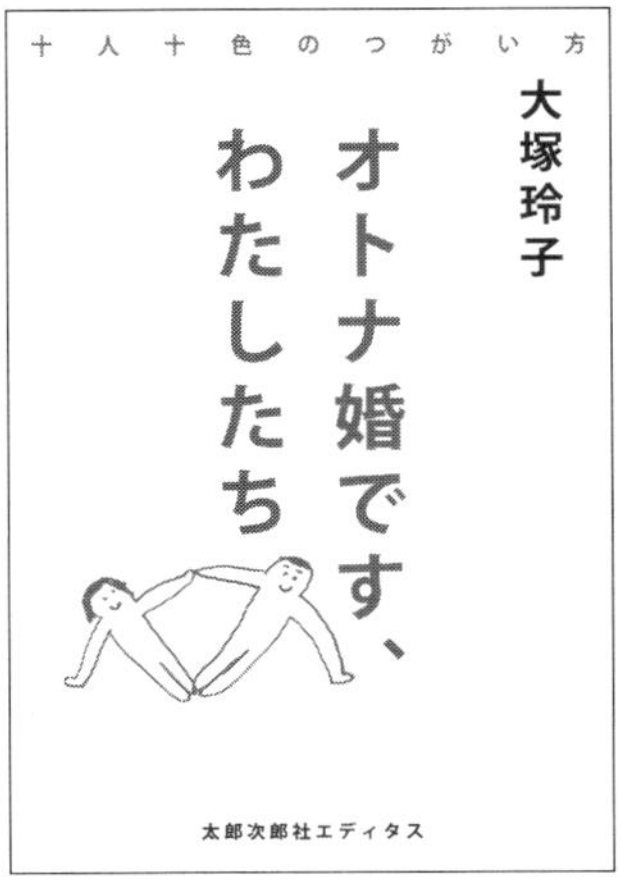

オトナ婚です、わたしたち

十人十色のつがい方

形も中身も多様な「つがい方」をしている
10組のカップルを取材。
入籍の有無、別居や通いもありの住まい方、
同性婚、年の差婚、浮気容認婚……。
自分にとって居心地のいい関係を求めたら、
こんなフウフになりました。

〈四六判・並製・240ページ・1500円+税〉